JN170071

日月神示的な生き方

大調和の「ミロクの世」を創る

中矢伸一
船井勝仁

はじめに

中矢伸一先生との本格的な対談本として、『日月神示的な生き方』をお届けできることになりました。中矢先生は2014年1月に亡くなった父が晩年最も信頼をおいた人でした。私は容貌からいっても間違いなく父の実の息子なのですが、父は私たち兄弟よりも中矢先生のことをはるかに信頼していたように思います。

最初に中矢先生とじっくりお話しさせていただいたのは、病気がちとはいえ父がまだ元気だったいまから5年ほど前のことだと思います。にんげんクラブの会報誌に掲載するためのインタビューをさせていただいたのですが、他の宗教は七五三のように収束していくことになっているのに、日月神示は三五七と拡散していくことになっているというお話をいただき、よく聞き出したと父から珍しく褒められたことがいまでも印象に残っています。

本書は父が亡くなって1年ほどたった2015年のお正月に、私の方から中矢先生にお願いする形で企画が動き出しました。日月神示が私の中で肚に落ちていなかったからか、なかなか編集が進まず、2016年になってもう一度対談をさせていただいたのですが、やはりなかなか進まず、ようやくラフの校正を終えることができる段階になりました。船井幸雄を総括する上で、この本はどうしても必要だと考えていたのですが、ここまで漕ぎつけられたことに正直ホッとしています。

晩年の船井幸雄的な生き方を体現されていたのは間違いなく中矢伸一先生でした。父が死んだときには殉死するぐらいのお気持ちになられて、実際にしばらくはかなり体調を崩して寝込んでしまわれたほどです。中矢先生は古神道をはじめとする宗教的なことから、日月神示、そして物理学に至るまで興味の幅が広く、その大半が父の興味と重なっていました。最晩年ほとんど話せないような状態になっても、中矢先生に熱海までお運びいただいて過ごすひと時を父は何よりの楽しみにしていました。

ここまで本書の出版が遅れた大きな理由は、中矢先生の妥協のない厳しい生き方に私がなかなか追いついていくことができなかったからだと思っています。日月神示に向き合うことで、宗教や資本主義の○《まる》に、《ちょん》を入れていくことが本書のテーマですが、いずれにおいてもいい加減な気持ちで向き合うと大変なことになるというのが中矢先生の一貫した主張でした。、を入れることに本気で取り組むのなら、命がけでやらなければならず、命がけになれないのならやらない方がましだというのです。

命がけで取り組むということは、方法論を誰かに教えてもらうことはできず、自分で七転八倒しながら掴み取るしかないということです。資本主義がどうなっていくかという経済の分野に関しては、私の専門ということで思う存分語らせていただき、中矢先生にも私が言っていることにある程度の信頼感を持っていただけたのでなんとか対談が成立しましたが、いつも痛感していたのは、中矢先生と私の生き方に対する本気度の違いでした。

中矢先生は長年日月神示の研究に携わってこられて、日月神示に本気で取り組み始めると命を取られるような覚悟を迫られることを身に染みて分かっていらっしゃいます。私は父に守られているのか、幸いにも大きな病気をすることも大きなケガをすることもなく平穏無事な生活を送らせていただいていますが、編集の労を取ってくださったきれい・ねっとの山内尚子さんが臨死体験を伴うような大病をされたのは、ある意味私の代わりだったのかもしれないとさえ感じています。

物理的にはそのことが本書の出版がここまで遅れた大きな理由なのですが、私の魂の浄化がある程度進んでいかなければ、本書をお読みいただく皆様にご迷惑をおかけすることになりかねないということが大きなブレーキとなり、おかげさまで多少なりとも魂や心のクリーニングが進んできたために、こうして本書をお届けできることになったのかもしれないと思っているのです。

中矢先生は冷徹とも思えるほど、読者の皆様に不要なお節介は焼かれません。道は指し示しても、「日月神示的な生き方」を実践するための具体論は決して教えてくれないのです。一方の私は、ちょっと父に似てお節介なので、近いところまで来ているのになかなか鳥羽口にたどり着けない人を見ていると、ついついそこまでお連れしようとしてしまいます。

だから本書は、他の中矢先生の本に比べると少しばかり親切な内容になったように感じます。ただし、鳥羽口に立つということは、多少なりとも高次からのエネルギーである御稜威《みいづ》を受けることになりますので相応の覚悟が必要になります。結局のところ、それを取り持つ役割の私が、その役割に耐えられるだけの精神性を持てるようになるためにここまでの時間がかかったのです。

現代社会は科学と宗教を分けて考えることによって科学、つまり目に見える世界が格段に進歩し私たちの暮らしはとても豊かになりました。経済も科学の一種だと捉えるならば、そのおかげで私たちはおとぎ話の王子様も羨むような生活を享受しているのです。しかし同時に、宗教、つまり目に見えない世界を置き去りにしてきたことで、私たちは心や魂の貧困に苦しむようになってきています。

なぜそうなったのか、そしてどうすればその貧困から抜け出すことができるのか、もちろん本を読んだくらいで行けるのはせいぜい鳥羽口までです。でも、そこまで行けば、後は自分の分野を見つけて思い切って飛び込めばいいのです。もしも、それをいつまでも回避していると、知らず知らずのうちに物心ともに貧しくなり、個人としても社会としてもやがて不幸になっていくという悪循環の罠にはまってしまうことになります。

要らぬお節介ですが、間違いなくいま、私たちは思い切って飛び込まなければならない時を迎えているのです。

いつもはいい加減な私ですが、今回はなんとかがんばって中矢先生の見ている世界の入り口を垣間見ることに成功したのではないかと思っています。さらに、いつもの中矢先生の鬼気迫る男性性だけではない、他の中矢先生の本では見られないような気楽な温かい女性性から明るい未来を感じていただける場面も、対談の中にはそっと忍び込ませてありますので、どうぞリラックスして存分に中矢ワールドを楽しんでいただければ幸いです。

最後に、尊い学びをいただいた中矢伸一先生と、すばらしい編集をしてくださったきれい・ねっとの山内尚子さんに感謝の気持ちを述べて、まえがきとさせていただきたいと思います。

2016年8月20日

短い休暇を楽しんでいる長野県松本市の浅間温泉にて

船井　勝仁

もくじ

第4章　日月神示的な生き方でミロクの世を創る

第1章 日月神示と向き合う

船井幸雄を超える

第１章　日月神示と向き合う

船井勝仁（以下 船井）　昨年（２０１５年）１月に本をつくりましょうということで中矢先生と対談させていただいたのですが、編集をしてくださるきれい・ねっとの山内さんが体調を崩されて延期になり、今日はあらためて仕切り直しの対談ということになりました。

あらためまして、どうぞよろしくお願いいたします。

中矢伸一（以下 中矢）　こちらこそ、どうぞよろしくお願いいたします。

徐々に調子が悪くなって、９月には救急搬送されて手術を受けられたと聞きましたが、お元気になられてよかったです。日月神示にかかわられると体調を著しく崩されるといった一見災難というか強引な形で「メグリ」の解消を経験する方が少なからずいらっしゃいます。もしかすると、日月神示に真摯に向き合ったがゆえの大切な身魂《みたま》磨きであったのかもしれませんね。

船井　たしかにそうかもしれません。「メグリ」というのは、魂の汚れ、曇りといったイメージですね。そう考えると、この対談は当初予定したよりも深く良い内容になるに違いありません。がんばってもらわないといけませんね（笑）。

さて、せっかく対談をしたのだから何か少しでも形にしようということで、昨年（2015年）の船井フォーラムに合わせて父、故船井幸雄に関するお話を中心にした『船井幸雄の魂を受け継ぐ』というタイトルの小冊子を出させていただきました。

中矢　船井先生との関係であるとか、勝仁さんや私の想いがコンパクトにまとめられてよかったですね。

船井　最初の対談があの時期で良かったなと思うのが、対談の数ヵ月後に船井本社をここ千代田区麹町に移転しましたので、船井幸雄の思いの詰まった品川の会長室でお話しできたんですよね。

中矢　そうでしたね。ソファに座った時に「いつもと景色が違うなあ」と思ったら、船井先生が座られていた席だったと気づいて、恐縮しながらお話しさせていただきました。

船井　そしてまた、その冊子が出された直後の船井フォーラムの中矢先生のご講演は、本当に強烈でした。本のタイトルをしっかり使われながら、「私は船井幸雄の魂を受け継ぐのではない！」とおっしゃったのですが、その瞬間のピーンと張り詰めた大ホールの空気はいまでもはっきり覚えています。

中矢　船井先生の追悼集には、主君に仕える家臣のような気持ちを持っていた、殉死という言葉が浮かんだほどだと書きましたが、そんな私だからこそ気合を入れて、船井先生になりかわるつもりでメッセージを発したつもりです。

「過去に囚われない」ということの大切さは、船井先生がいつも教えてくださっていたことです。亡くなられて過去の人となった船井幸雄を、すでに始まっている大激変の時代であるいまを生かされている私たちは命がけで超えていかなければならない。そのことを船井幸雄を愛する皆さまにこそ、しっかり伝えたいと思いました。

船井

スピリチュアルに走っている人は自分のことばかり考えている、そんなことではいけないということを強い口調で厳しく叱責してくださいました。あれは単純に講演を依頼されたというだけでできることではない、深くて大きな愛がないと発せられないものでした。

その後の私の講演でもお話しさせていただいたのですが、あのご講演をお聞きして、やっぱり中矢先生は船井幸雄の魂を受け継いでくださっているんだなという思いをますます強くしました。あのメッセージはあの場で絶対に必要なすばらしいものでした。本当にありがとうございました。

中矢　いえ、とんでもありません。船井先生が命がけで創られてきて、それを勝仁さんが命がけでまた創っておられる場ですから、全身全霊で、本心本音を言葉にしたまでです。

船井　実は先日、ふと思い立って熱海の父の墓参りに行ったんですが、梅雨だというのにすばらしい晴天に恵まれました。特に何を考えるわけでもなく墓石を静かに拭いていると、スーッとさわやかな風が吹きましてね。

「俺のことはもういい。ありがとう。好きにやりなさい」という言葉を、本当にはっきりと感じたんです。そういった能力は何もない私ですから、気のせいと言われればそれまでですが、さすがに実の父親ですから感じられたのかもしれないと思っています。

中矢　いや、私はそれはきっと船井先生のお声なんじゃないかと感じますよ。

船井　中矢先生にそう言っていただけると本当に嬉しいです。

ただ、少し気がかりだったのが母のことで、ふつう夫が先立つと、男としては複雑な話ですが、残された妻はとても元気になって生き生きと長生きされるケースが多いように思うんですが、母はちょっと違うようでした。父が旅立って寂しくはあっても、落ち着いたらきっと元気になるだろうと思っていたのですが、どことなく元気がないように感じられたのです。

中矢　まさに夫唱婦随でいらっしゃいましたからね。あれだけ仕事に命がけだったにもかかわらず、そういう夫婦関係をつくられていたことは本当に稀有なことだと思いますし、見習いたいものですね。

船井　ずいぶん昔に、算命学の先生に父と母のことを見ていただいたことがあるのですが、信じられないぐらい深い情愛で結ばれている夫婦だというのです。あまりにも愛が深くて子どものこともあまり目に入らないほどだと言われて、何となく納得したことを思い出します。

そんな母だったのですが、２０１６年７月に熱海の父の自宅を改装する形で船井幸雄記念館がオープンして、すこし元気を取り戻しているようです。記念館のおかげで、父が生きていた時の状態をできるだけ保てるようになって母の中では父がずっと存在してくれているのだと思います。

中矢　私も伺いましたが、船井先生がいらした時のほとんどそのままになっていて、感慨深い想いがしました。

船井　ありがとうございます。読者の皆さまにも、熱海の温泉に入るついでにぜひ船井幸雄記念館を訪ねていただければ、こんな嬉しいことはありません。

そして、船井幸雄を懐かしむのは『船井幸雄の魂を受け継ぐ』や船井幸雄記念館に委ねて、私たちはいよいよ船井幸雄を超えて、自分たちの力で次のステージへ進む時なのだと感じています。

中矢　本当にそのとおりです。この対談をその第一歩としたいですね。

ようやく日月神示と向き合えた

船井　実は『船井幸雄の魂を受け継ぐ』に掲載されている対談をさせていただいた後、２０１５年の夏くらいに中矢先生からいただいた『完訳日月神示』を、ようやくきちんと読了することができたんです。

中矢　たしか、あの対談の時には、送ってもらったがほとんど身についていないと懺悔なさっていましたよね。

船井　そのとおりです。あの時近いうちに読めるタイミングがきそうだと言ったと思うのですが、本当にそのとおりになりました。

流れから言うと、２０１４年に赤塚高仁さんにイスラエルに連れて行っていただいて、それをきっかけに赤塚さんと『聖なる約束』（きれい・ねっと）をという共著を書かせていただいたんですね。書くに際して聖書を読まなくてはと読み始めたのですが、当初はなかなか入り込めませんでした。

中矢　私も聖書は得意ではないですね。

船井　自慢するようで恐縮ですが、私は商売柄か本はすぐに読んでしまいます。速読はやらなくなったというかできなくなったのですが、それでも興に乗れば１日に３、４冊の本を読んでしまうこともよくあるのです。

ところが、聖書はまったくダメでした。なんだか人の名前がズラズラ並んでいたりして、そこで嫌になってしまうんですよね。でも、ある時にちょっとずつなら読めるなと気づいて、毎朝15分ずつ読んでいくようにしたら、そのうちにところどころいいなと心に入ってくるところも出てきました。

そうして聖書が読めたので、次は現代語訳の論語、次に古事記。その後「そうだ、日月神示もあった！」と思って、『完訳日月神示』にチャレンジしたのです。

中矢　内容の理解はもちろん、時間的に結構大変だったんじゃないですか。

船井　もちろん大変でしたが、実はしっかりと時間を取れる事情があったんです。夏休みを利用して家内とヨーロッパ行ったのですが、お恥ずかしいことにその時ちょうど痛風を発症していまして……。それで、せっかくヨーロッパへ行ったのにほとんど出歩くことができず、ほとんどずっとホテルで本を読んでいたんです。

中矢　ヨーロッパのどちらへ出かけられたんですか?

船井　オーストリアです。ちょうどザルツブルク音楽祭の時期だったので、妻の好きなオペラを聞きに行こうということで出かけました。一番の目的だったオペラは聞きに行けたのですが、痛風だと靴が履けないので、タキシードのくせにスリッパを履いているという情けない状態でした。

そのようなわけで、オペラにだけは行きましたが、それ以外の時間はほとんどホテルの部屋で『完訳日月神示』を読むということになってしまったのです。

中矢　ヨーロッパで日月神示というのは、おもしろいですね。ご感想はいかがだったでしょうか。

船井　自ら招いた痛風を必然だというのは少し気が引けますが、このタイミングで日月神示にきちんと向き合えたことで、ようやく本当の意味で中矢先生とお話しできるところまでこられたのかなと感じています。

大まかな内容は先生の代表作であり、父が皆さまに必ず読むようにと紹介した『日月神示完全ガイド&ナビゲーション』（徳間書店）で知っていたのですが、岡本天明氏というよりも国常立尊《くにとこたちのみこと》からのメッセージとして、いま読んだからこそ肚に落ちるというところが多くありました。

中矢　「この筆示《ふで》は8通りに読めるのであるぞ」ともあるとおり、日月神示は読む人によって、読む時によって違うものですからね。まさに必要なメッセージを受け取られたのだろうと思います。私もいまだに「えっ！こんなことが書かれていたのか！」と気づいて驚くことがありますから。

そう言えば、おそらく本書を読まれるのは、日月神示のことをある程度知っていらっしゃる方がほとんどだとは思うのですが、お話の前提としてすこしご説明をしておいたほうがいいかもしれませんね。

昭和19年6月10日、千駄ヶ谷の鳩森八幡神社で代理神主を務めていた岡本天明が千葉県印旛《いんば》郡公津《こうづ》村台方《だいかた》に鎮座する麻賀多《まかた》神社の末社である「天之日津久《あめのひつく》神社」に参拝した際、突然勝手に右手が動きだし、神秘な文書が書記されました。その名称については「日月神示」「ひふみ神示」「ひつく神示」「一二三《ひふみ》」などと色々言われますが、これが一般には「日月神示」として知られている、一種の「天啓」です。

船井　いわゆる「自動書記」と呼ばれるものですね。天明の本職は画家だったので外出時にはいつも矢立《やたて》と画仙紙《がせんし》を持ち歩いていたと聞きました。

中矢　そのとおりです。数字やかな、記号がかろうじて分かる程度のクネクネとした筆文字で、当の天明も読むことができないものでした。そして、この時以来自動書記は約16年間にわたって断続的に続き、最終的には全37巻、補巻

1巻という形で今日に残されました。

岡本天明は最後の日月神示となった『五十黙示録《いせもくしろく》』を書記してからわずか2年後の昭和38年、68歳で亡くなられています。神示には天明のことが「神示書かすお役」というふうに出てくるのですが、まさにそのとおりであったということになりますね。

日月神示とは何か

船井　日月神示は隠されていて、世の中に出るまではかなり時間がかかったのですよね。実際には中矢先生が世の中に出されたようなものだと思うのですが……。

中矢　自分からそうは言いにくいところですが、そういうことになるのかもしれません。色々な本で散々書いていますので詳しくは述べませんが、自分では決してそういうふうには思っていない反面、「中矢伸一＝日月神示」ということになっている自覚もあります。

しかし、実は私以外にも多くの方が、日月神示を世に出すために大変な努力されています。天明たちも解読に尽力しながらなんとか世に出そうとしていたようですが、まだ時ではなかったというか、時流に乗らなかったのでしょうね。かなりマイナーなものでしたが、ダイジェスト版として、『太神の布告』（岡本天明著・橋爪一衛監修・コスモ・テン・パブリケーション）という書籍も出されました。私はそれを書店で見つけて、それをきっかけに日月神示の世界に足を踏み入れたんです。

先ほど勝仁さんは国常立尊からのメッセージと言われましたが、１９９１年に『日月神示』（徳間書店）を世に問うた頃には懐疑的な意見も多くて、天明の潜在意識から出てきた別人格が書かせたのではないかとか、ヒトの遺

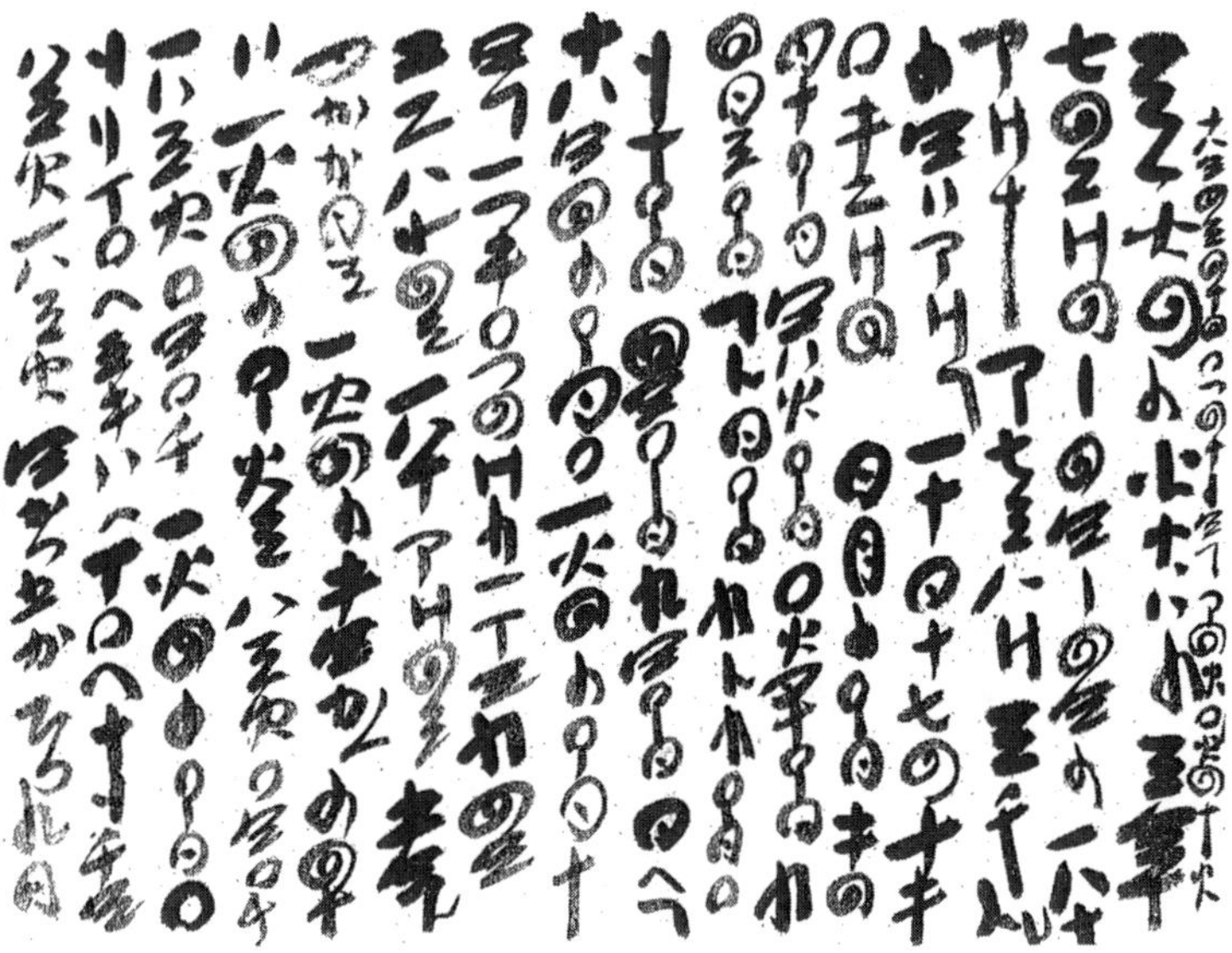

「御光の輝く御代となりにけり、嬉し嬉しの岩戸けたり。あなさやけ、三千年の夜は明けて、人、神となる秋は来にけり。日月の大神、キリスト大神、釈迦大神、マホメット大神、黒住大神、天理大神、金光大神、大本大神、老子大神、孔子大神、すべて十柱の大神は、光の大神として斎き祀り結構致しくれよ、富士晴れるぞ、岩戸開けるぞ。御神名書かすぞ、ひかりの教会祝詞は、ひかりの大神、弥栄ましませ弥栄ましませ、ひかりの大神守り給え幸はえ給えと申せよ。弥栄弥栄。四月五日、ひつ九⧁十柱揃たら祀れと申してあろうが、わかりたか」（空の巻　第14帖）

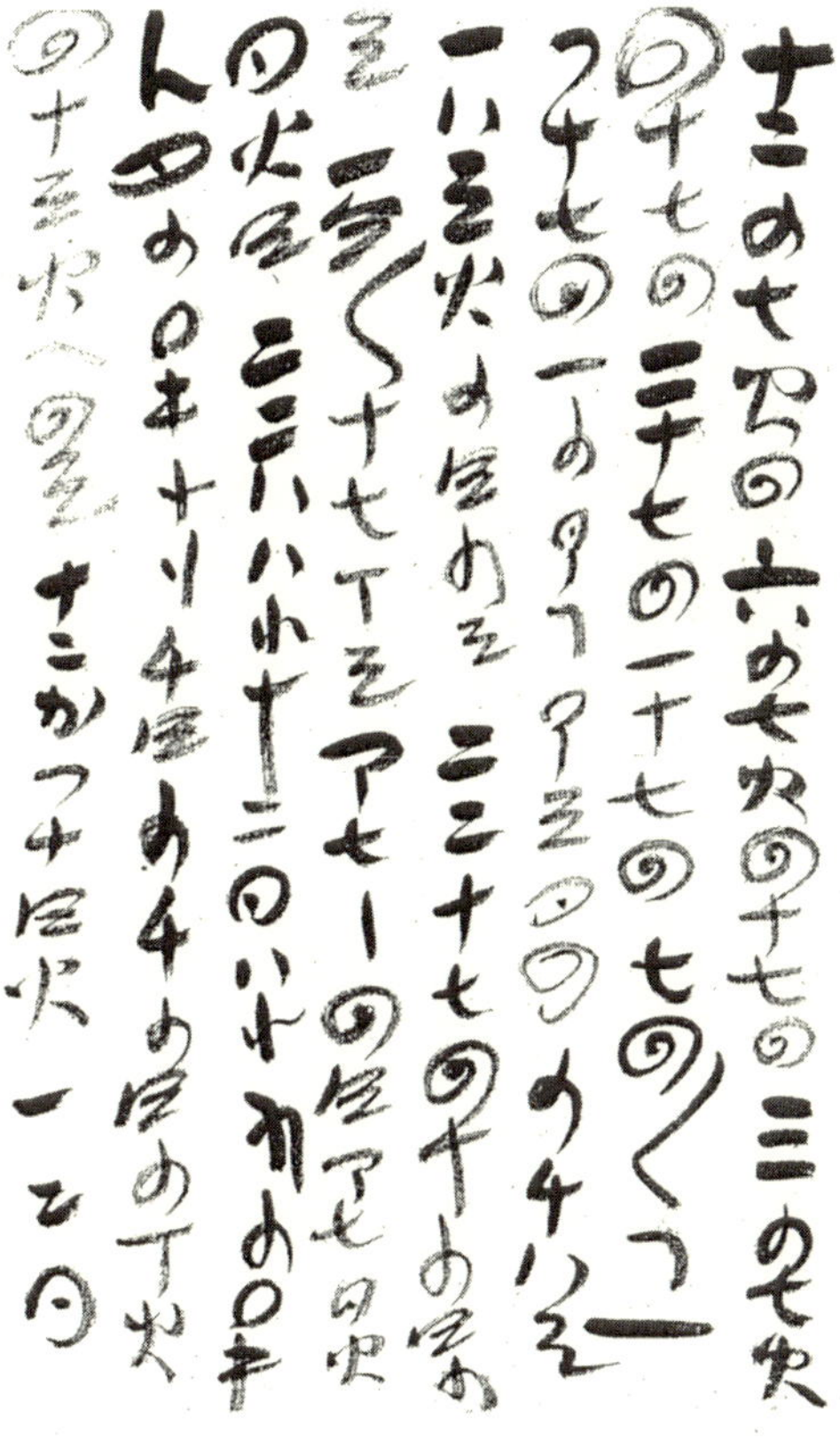

「十二の流れ、六の流れとなり、三つの流れとなり、二となり、一と成り鳴りて、一つとなり、一つの王で治めるのぢゃぞ、弥栄の仕組、富士と鳴門の仕組、いよいよとなったぞ。あな嬉し、あなすがすがし、富士は晴れたり日本晴れ。この巻、梅の巻と申せよ、後の世の宝と栄えるぞ。十二月十四日、一二⦿」（梅の巻　第28帖）

伝子に刻み込まれてきた祖先の記憶が表面化したものではないかとか、様々な見解が出されたものです。

船井　私自身がかつてそうだったから分かるのかもしれませんが、神の存在というか、信仰が生活の中に根ざしていないとそういう見解にならざるをえないのだろうと思います。

最近アウェイというか、あまり精神世界には関心のない皆さんの前で講演する機会があったのですが、「百匹目の猿現象」から始まって直感力の話などをさせていただいたところ、案外受け入れてもらえたんですね。ワードとしての「百匹目の猿」を知らない方に対してでも、こんな話が普通に通じるようになってきたことにかなりびっくりしました。中矢先生が発信を始められた頃から考えると、この25年ほどの間に私だけではなくて、多くの人たちの意識が劇的に変わってきているのを感じます。

ところで、ちょっと質問になるのですが、中矢先生はご自身のことを現実主義者で、どちらかというと精神世界には否定的だということをよくおっしゃっておられるのですが、やっぱり日月神示には現実的な側面があるということになるのでしょうか。

中矢　私は別に日月神示だけをずっと研究してきたわけではなくて、何事もマクロでなるべく捉えようとするんですよね。いま思うと、私は根っから神を信じていなかったというのではなくて、人でも本でもいいので、とにかく真理に関する様々な疑問に対する「答え」を探してきたんだと思います。宗教でもよかったのですが、自分で首を突っ込んでみてしみじみ分かったのは、宗教ではダメだということでした。

宗教と言えば、若いころ友人の中にある宗教団体の信者さんが何人かいたのですが、周りの友人は熱心に勧誘するのに、なぜか私のところにはやってこないんです。どうやら私を勧誘すると、逆に論争をふっかけられて面倒なことになると思われていたらしいです。まあ、本当にそのとおりなのですが（笑）。

船井　ちょっとその友達の気持ちは分かる気がしますねえ（笑）。
それはともかく、その「答え」になったのが「日月神示」だったということですね。

中矢　すべての答えがありましたね。もともと当時は20世紀末ということで、ノストラダムスやエドガー・ケイシー、ポール・ソロモン、ジーン・ディクソンなど西洋系の予言者がすごくメディアに取り上げられていて、私も興味があったので時々見たりはしていました。ファティマ第三の予言もそうですね。どれも世紀末にかけて人類は滅亡に瀕するような一大危機に遭遇するだろうというような内容でした。
そんな時に日月神示の存在を知って、日本にも予言ってあるんだな、一体何が書かれているんだろうと思っていたら、ひょんなことから全文を入手することができたんです。読めば読むほど、これがあれば私のように悩み苦しんだり、回り道をする必要もないと思えました。そこで書いたのが最初の『日月神示』なんです。

船井　挙げてくださった予言群と日月神示との違いというのはなんなのでしょうか。

中矢　決定的に違うのは、降ろしている存在の立場というか、霊性の高さです。従来の予言は「地震が起こるだろう」という予測なのですが、日月神示の場合「地震を起こす」、つまり実際にこの世の行く末を左右する高次の神からいわば直流的に降ろされたものなのです。それから、対処法というか、私たちがどう生きていけばよいのかということを明確に示していることも他ではあまり見られないことですね。

いまは埋もれてしまっている、日本人の精神性、霊的な叡智というものがあって、そのひとつの具体的なあらわれが日月神示なのだろうと私は見ています。いまの形骸化してしまっている神道の魂、つまり日本人の魂の叡智がつまっている、というふうな捉え方をしているんですね。
そして、これは実感として感じていることなのですが、日月神示は「生きて」いて、私自身も含めてこれを真剣に受け止める人の人生を大きく変えるような不思議な力を持っています。そして、それは個人に限ったことではなくて、社会、国家、世界をも変える力を持っているのだと思います。

船井　それだけの叡智であっても、宗教にはならなかったのですね。

中矢　不思議とそれをやろうとするとうまくいかなかったようです。多くの人がそういう運動を試みたのですが、いずれも失敗してしまっていますね。

船井　日月神示は本当は大本に降りるはずだったということがよく言われますが、大本の二大教祖の一人、出口王仁三郎《でぐちおにさぶろう》も宗教は不要だと言っていたと記憶しています。

中矢

日月神示を読み解いていくうえで、大本を知っておくことは必要不可欠なのですが、それについては『日月神示完全ガイド&ナビゲーション』の中で1章を割いて解説しているので、ぜひご参照いただければと思います。岡本天明は第三代教主となる出口直日《なおひ》の夫であり、王仁三郎亡き後大本の真の後継者として重要な役割を果たした出口日出麿《ひでまる》と同郷で同年、同月生まれだった縁もあり、大本の月刊紙の編集長を務めました。王仁三郎の天明に対する信頼は相当に厚かったようで、話の骨子だけを伝えて後は天明に任せるということもよくあったといいます。

これは天明が編集をしたものではありませんが、大正13年に発行された大本の機関紙『神の国』の中に、「宗教不要の理想へ」というタイトルの文章があります。

その中で王仁三郎は「宗教はみろくの世になれば無用のものであって、宗教が世界から全廃される時が来なければ駄目なのである。主義・精神が第一であって、大本であろうと何であろうと、名は少しも必要ではないのである」と述べています。世界中の人々が「至粋至純」、つまり一点の曇りもない清らかな存在となれば、宗教などは必要なくて、そういう世の中を目指して大本はまい進するということだったようです。

船井　わざわざ教えを持たなくても、神の存在が当たり前になるということですね。すごい理想ですね。支配する側から厳しい弾圧があったこともうなずけます。

中矢　現在の大本は認めていませんが、それほどかかわり深い天明に降りたということもあり、日月神示の精神にはこの大理想が文脈の中に引き継がれているんですね。むしろ、弾圧などを避ける必要性がないので、よりいっそう明瞭に「ミロクの世」が示されていると言ってもいいと思います。

船井　中矢先生のご尽力によって、宗教になることなくこれだけ多くの人たちの生き方の拠り所になっているということにしても、王仁三郎の目指した理想に向かっているように思えますね。

ところで、最近は神様の言葉を受け取ったという人や団体が多くあり、もちろん信じるも信じないも自由だとは思うのですが、日月神示と同等の神示というのはあるのでしょうか。

中矢

私のところには、どうしてもそういうお話が多く舞い込んでくるのですが、正直言って大抵は箸にも棒にもかからない内容がほとんどです。

日月神示の研究に関わって25年、神道系の宗教に関わってからは実に30年以上になりますが、その中ではっきり分かったことはおよそ神示というものは、それが本物であればあるほど滅多なことでは降りないということです。私自身も含めて、そう簡単に軽々しく、ごく普通の人に「神」と呼ばれるほど高次の存在がメッセージを伝えるということはありえないのではないでしょうか。

日本の歴史において、神はその時々に応じて託宣、つまり神示を与えてきたわけですが、おそらく歴史的な時間軸の中で大きな変革の節目に遭遇しているような時、おそらくは多くても数百年に一度くらいの頻度だろうと思いますから、すくなくとも我が国においては、日月神示と同等、あるいはそれ以上の神示はしばらくは出ないし、その必要もないのではないかというのが、私の意見ですね。

神は本来語らない

船井　過去に出された託宣には、どういったものがあるのでしょうか。

中矢　よく託宣を出された神としては、八幡神が有名ですね。与えたとされる数々の託宣は『八幡宇佐宮御託宣集』という文献に収録されています。八幡神は古事記や日本書紀には登場しない、神仏習合の神様です。記紀に出てこないということはそれ以降にできた神様なのですが、それは八幡大菩薩という神仏習合の神として、日本の天神地祇八百万神《あまつかみくにつかみやおよろずのかみ》を代表して、仏教、聖武天皇をお支えしますと申し出た神様が八幡神だったんです。この八幡神のおかげで神道は生き残ることができました。

船井　まったく知りませんでした。

中矢　聖武天皇の御世においては日本における仏教の浸透ははなはだしく、天皇までもが帰依するという事態になり、神道の立場が危うくなりかけていました。そんな時に日本の神々を代表するかたちでその意志を露《あら》わにし、神道を没落から救ったのが八幡神なんです。仏教も神道も包み込むような、いわゆる神仏習合が、このご託宣によって押し進められていくことになりました。

船井　八幡神の総本山は大分県の宇佐八幡神宮ですよね。何度か参拝しましたが、不思議なところですね。

中矢　御許山《おもとさん》という宇佐八幡のご神体山があって、神宮から遥拝できるようになっていますよね。山頂の方は禁足地らしいのですが、登っていくと八幡神になる前の原始八幡の跡があって、そこの神様は大元神《おおもとがみ》というんです。大元神《たいげんしん》というのは、室町時代に京都の神道家、吉田兼倶《かねとも》が説いた吉田神道によると、大元尊神《たいげんそんしん》などとも言われていますが、国常立尊のことなんですよ。ということは、大本でいう艮《うしとら》の金神《こんじん》であり、やっぱり通じるものがあるんですね。

船井　ということは、この時も日本の神道を国常立尊が救ったということになるのでしょうか。

中矢　国常立尊というのは、マニフェストする神様なんですよ。本来神は語らないものなのですが、八幡神にしても日月の神にしても、危機的な状況になるとあらわれて、神の意志がこうだというのを露わにするわけです。

船井　聖武天皇の御世の日本は、仏教に完全にやられてしまいそうな危機的状況があったのだけれど、その時には国常立尊が八幡神としてあらわれて、神仏習合を実現して日本を救った。そして、いまもおそらくそれと同じか、もっと危機的な状況にあるから日月神示が降ろされたのですね。

中矢　そうですね。

船井　もしかすると、聖武天皇の頃は仏教で、今度はその代わりというのはおかしいかもしれませんが欧米の勢力が神道を潰そうとした時に、あれだけ弾圧を受けながら救ったのは、艮の金神として大本を通じて出てきた国常立尊なのかもしれませんね。

中矢　そして、それが完全ではなかったので、いよいよ日月神示が降ろされるという流れになったということなのでしょう。

船井　さっき中矢先生がおっしゃったことがすごく大切なように感じたのですが、神は本来語らないのですね。

中矢　そのとおりです。日月神示は⦿を神のシンボルとしています。その⦿の最奥部から直流的に降ろされて、岡本天明の身体を通してこの世に現れ出たのが日月神示というわけです。でも、それじゃあ日月神示イコール⦿からの直接の言葉かというと決してそうではありません。

そこから流れ出たものであること自体、歴史上滅多にないすごいことだし、大変な神典であることは間違いないと思いますが、日月神示はいわば末端であり、その奥の奥の奥の奥のと重層的構造になっていて、そのさらに奥の奥、私たちの理解できる範疇をはるかに超えた最奥に⦿がおわしますということだと思います。

船井　「神示に囚われるな」という記述があるのは、そのためなのですね。

中矢　そうですね。神示に固執してしまうと、本質が見えなくなります。私が主宰している日本弥栄《いやさか》の会の設立趣旨を「日月神示を中心とした会」としていないのもそのためです。

⦿の片鱗は森羅万象に現れています。宗教の中にも科学の中にも、それこそ道端に咲く花にも⦿は現れているんですね。私は「日月神示的」という言い方をよくするんですが、要は日月神示的なものであればそれでよくて、それらを通して⦿を感じ取り、ミロクの世に向かうような生き方を実践していくことが、最も大切なことだと思います。

船井　日月神示にこだわるのではなく、「日月神示的な生き方」をしていけばいいということですね。

第2章

宗教を越える

日月神示と他の聖典との決定的な違い

第2章　宗教を超える

中矢　ところで、『完訳日月神示』の前に聖書や論語など、いろんな聖典を読まれたということですが、そのあたりも含め感じられたことというのはあるでしょうか。

船井　まず、とてもリアルに、それから具体的に感じられました。他の聖典は遠くの物語という読み方になるのですが、日月神示は神そのものが自分自身に直接語りかけてくるように感じましたね。

中矢　リアルに感じられたというのは頷けます。何せ降ろされてから72年というのは、地球人類の歴史から考えると昨日のようなものですからね。

私は聖書は拾い読みしかしたことがないんですよ。仏教の経典などもそうですね。それらはその時代その時代で必要なものだったのだろうし、昔はこうだったというのが学びになるところもあるのだとは思うのですが、いまはもっとサイクルが速くなっているし、何より当時に比べて人類の意識は進化していると思うんですね。

私は現実主義なので、いまどうしたらいいのかということを知りたいわけです。そうなると、いま必要なのは、やっぱり日月神示になってしまうんじゃないかなと思います。もちろん他にもあれば読みますけれど、神からの直言にあたるもので日月神示のように原文から検証できるものはなかなかないですね。

船井　私の場合、父譲りというと怒られてしまうかもしれませんが、いろんな分野の本や資料をとにかく多読乱読でドンドン読んで、本質を掴んだと感じたらそこまででいいんです。

もちろん、真髄までは分かっていないということはちゃんと自覚していますし、それではダメだと指摘されることもあります。でも、それはよく言われる学者とコンサルタントの違いで、学者なら突き詰めていかなくてはいけないけれども、コンサルタントは具体的に役に立つような情報にして伝えるのが仕事だと思っているんです。

中矢

それはそうですね。繰り返しになりますが、私も決して日月神示一辺倒というわけではありません。

学者には必ず専門分野があって、その専門分野を掘り進めていくんですね。そうすると、ピンポイントの分野はものすごい知識量なんですが、他になると知らないことが実に多いんですよ。

この世界もそのとおりで、日月神示を研究している人は日月神示だけをやっている。大本神諭の研究者は霊界物語などの大本系ばかり、古史古伝の分野なら、秀真伝《ほつまつたえ》ばかりという感じですね。また、そういう人はえてして何十年も心血注いできた自分の研究にプライドと信念を持っているから、どうしても他からの批判を許さないというようなところがあるように思います。

でも、私の場合はそれぞれに良いところもあるし、おかしなところもあるという目で見るんです。私は学者にはなれないというか、なっちゃいけないと思っています。学者の意見は参考にするべきですが、自分が学者になってしまうと、ある一つのジャンルだけ、狭い世界しか見えなくなってしまいます。

俯瞰しないと真理は見えない。そこはコンサルティングの世界と相通ずるところがあるかもしれません。俯瞰的に物事を見て本質をつかまえていかないといけない。そうしないと、いま、世の中を良くするために役立てることができないんです。それでは間に合わないと思うんですね。

舩井　相通ずるところがあるから、中矢先生と父とは話が合ったのでしょうね。仕事の目的が違いますから取り組み方は違って当然ですが、正当性を主張したいあまり違うものを攻撃するのではなく、認め合うことがまず大切だろうと思います。

中矢　そのとおりですね。

船井　話を戻して、これは読んでいる途上である友人に聞いたことなのですが、聖書も古事記も論語も元々は神様から降りてきたエネルギーに満ちた言葉を表現しているのだけれども、長い年月を経ていく間にそれを解釈する人たちの気持ちが多く入ってしまって、最初に書かれたときとは別物になってしまっている可能性が高いというんですね。

中矢　まあ、日月神示にしても、原文は書記した本人も読めないようなものですから極めて可能性の低い話ではありますが、天明の顕在意識ではないにしても、潜在意識が混入しているということも考えられなくはないと思います。

訳文についても、人のやっていることですから隅から隅まで絶対正しいとは言えないですしね。

船井　それでも他の聖典と比べると、先ほど中矢先生が教えてくださったとおり、奥の奥の奥の……だとは思うのですが、日月神示は神の意志というか根源の意志がストレートに出てきていて、しかも実質的に世に出されたのが中矢先生なので、エゴによる手が加えられていない。順番に読んでいったおかげでよりリアルに、なるほどそうだなと感じました。

中矢　ストレートと言えば、実はここがまったく違うところなのですが、それらの聖典は書かれた段階からすでにワンクッションあるのですよ。たとえば、聖書は使徒が書いたんですよね。新約で言えば、「イエスさまはこのように言われた」という具合です。旧約でも教祖さまが書いたということではなく伝聞で、「このような話を聞きました」という物語なわけです。論語も、「子《し》曰《のたま》わく」ですから、孔子様はこうおっしゃったという書き方です。

このように見ていくと、世界的な規模になった宗教の中で教祖が直接聖典を残された例というのは、仏教のお釈迦さまも含めて皆無に近いと言ってよいのではないでしょうか。基本的には布教のために書かれたということになるでしょうし、いかに優れた弟子であっても個人の想いが入る可能性はあるでしょうから、そうすると、はたしてそれは本当の教えなのだろうかというふうに思ってしまいますよね。

船井　たしかにそのとおりですね。それに、先ほどもすこしお話がありましたが、日月神示は宗教にはならなかったのですから、そこもまったく違いますね。

中矢　そうですね。教祖でもなんでもない岡本天明の肉体を媒介としてメッセージが出たわけです。日月神示に出会った当初は、神様から出たものなのかどうかも分からなかったのですが、何か人智を超えた意識体のメッセージに誰でもが直《じか》に触れられるというところにものすごく惹かれました。

船井　いまは誰もが、そのメッセージに触れないといけない時なのだということなのかもしれませんね。

力を失いつつあるキリスト教

船井　日月神示は冒頭からすごいことが書いてありますよね。これですべてと言っていいのではないかというくらいに感じます。

富士は晴れたり日本晴れ　神の国のまことの神の力を現す世となれる。

仏もキリストも何もかも、はっきり助けてしち難しいご苦労のない世が来るから、身魂を不断に磨いて一筋のまことを通してくれよ。今ひと苦労あるが、この苦労は身魂を磨いておらぬと越せぬ。この世始まって二度とない苦労である

（上つ巻　第1帖）

中矢　そうですね。ここからどんどん具体的になって広がっていきます。

船井　「仏もキリストも」とあるのが、本当にリアルだなと感じます。

知人が2015年になる年末年始に、チベット仏教の高僧ザ・チョジェ・リンポチェ師とご縁があって、14世ダライ・ラマ法王が南インドにあるリンポチェ師の僧院で1週間の特別講義をされるということで参加したそうなのですが、なんと4万人も集まるんだそうです。お坊さんが2万人で一般人が2万人。南インドには4万人も収容できる施設はないので、みんな外に座ってマイクで流れてくる音を聞いているような感じだったということでした。

中矢　4万人というのは、すごい規模ですね。

船井　でも、インドの人はお金なんて払えないので、4万人×1週間分の食事や宿泊先を用意しないといけないわけです。もちろん日本人などからはお金を取るのでしょうが、それだけでどうにかなるはずはないですよね。

結局、ダライ・ラマ法王には毎年何十億円も寄付する人がいて、日本にも必ず年に1回か2回来られていると思うのですが、その時にも1億円くらい寄付される方がいらっしゃるので、それでやっていけるんですよと聞きました。

中矢　普通では考えられない金額ですが、どういった人たちが寄付しているのでしょうか。

船井　私も気になったので質問したところ、主に欧米の人たちだというんですよ。もともとキリスト教徒だったのだけれども、キリスト教に本当の救いがないということに気づいてしまったレベルの高い人たちが、チベット仏教にはそれがあるということで一生懸命お金を出すんだそうです。

中矢　キリスト教ではもう救われないと……。

船井　もちろん表面上はキリスト教徒のままなのですが、本当にレベルの高い人たちは気づいているというんですね。その話を聞いたときに、ここまで言ってしまっていいのかどうかわかりませんが、少なくとも現状のままでは既存の世界宗教には明るい未来はないのではないかと思いました。

中矢　救われたいからお金を出すというのは、ちょっとどうなのかなと思いますが、その気づき自体は正しいかもしれませんね。

世界宗教、普遍宗教と言われるものの多くは、聖書に基づく一神教ですよね。聖書かコーランかなんですが、イスラム教のコーランは啓示された当初の聖書が人の手によって変えられてしまったために世に出たとされるものですからね。

イスラム教にはスンニ派とシーア派というのがありますが、合わせると世界に15億人くらい信者がいると言われています。一説には20億人以上いると主張するイスラム教の聖職者もいるらしいですが、いずれにしてもキリスト教に次ぐ三大宗教のひとつであり、どんどん信者数が増えているんですよね。ここ数年のテロ事件の影響で、イスラム教を敵視するような空気もあるように思いますが、それは一部のイスラム原理主義グループによるものですし、これだけ広がっているということは、それだけコーランの教えが人の心をつかむものなのだろうと思います。

そんなイスラム教と22億人ほどいるキリスト教、それから人数は少ないですがユダヤ教もですね。仏教やヒンズー教は別として、やっぱり地球人類の宗教のかなりの割合を占めているのですが、それらがいろんな面において本質的には違うんじゃないか、本質からかなりずれてしまっているのではないか。それなりに頭の良い人たちはそのことに気づいて、次第に心が離れていっているということなのでしょうね。

船井　ユダヤ教がダメになっているということでキリスト教が出てきて、そのキリスト教がダメだっていうことでイスラム教が出てきたということは、ある意味進化してきていると言えると思うんですね。イスラム教はとにかく厳格なんですよね。お酒を飲んではいけないとか、偶像崇拝してはいけないとか……。

エジプトに旅行した時に怪我をして観光に行けなくなってしまって、一人で暇だったことがあるんですね。

中矢　さっきお聞きしたヨーロッパ旅行のお話と似ているような気がしますね（笑）。

船井　そういえばそうですね。ただ、この時は残念ながら『完訳日月神示』を持参していなかったので（笑）、仕方なく一人でイスラム美術館などを観に行ったのですが、正直言って面白くもなんともないんですよ。偶像崇拝が駄目だから、人も動物も表現してはいけないんです。面白いなと思うのは噴水と、あとは唐草模様くらいでしょうか。

以前、キリスト教の人と論争になってしまったのですが、カトリックは偶像崇拝じゃないと言うんです。イエスやマリアの像や宗教画はただそこに表現しているだけで、それそのものが信仰の対象なのではない。仏教や神道などの御霊入れのような儀式のあるものが偶像崇拝なのであって、キリスト教にはそういうことはないので偶像崇拝ではない。これが敬虔なクリスチャンの主張なんです。

でも、仮にそうだとしても、よりきちんと守っているという面では、イスラム教の方が進んでいると言えるのではないでしょうか。おそらく、他の様々な戒律においてもきちんと守られているのはイスラム教のほうでしょう。そして、進んでいるからこそ、あのＩＳＩＬ（自称イスラム国）に敬虔で純粋な若者が惹かれて、集まってしまうのではないかと思うのです。

中矢　そもそも一神教は方向性が間違っているから、極まれば極まるほどおかしくなって、結局世界に受け入れられなくなっているというのが、いまのイスラム原理主義なのかもしれませんね。

神道は自立を求められるもの

中矢　大きなテーマになってきましたね。もう一つ大きな勢力としてあるのが、ヒンズー教、そして勝仁さんの考え方でいくとヒンズー教が進化したのが仏教ということになりますね。レベルの高い人たちはチベット仏教にお金を出しているということですが、じゃあ仏教に答えがあるのかというと、それはどうなのでしょう。

私は仏教にはあまり詳しくありませんが、本質的にはどの教祖もすばらしくて、真理という意味では似たようなことを説いていたんじゃないかと思うんですよ。それを宗教という教えにしてしまって、戒律ができてという方向に人間の浅知恵で持っていってしまったんだろうと思います。そういう意味では、進化というよりも退化と言ったほうが正しいかもしれません。

船井　なるほど、そうかもしれないですね。そう考えると合点がいくのが、チベット仏教というのは原始仏教なんです。原始仏教と日本の仏教というのはまったく違うものなんだそうです。日本の仏教は中国経由なので、インドの古代仏教とは全然違う。原始仏教はお釈迦様の教えをなるべく守ろうとするものだからそこにはまだ真理が残っていて、それに直接触れられるから本当に分かっている人はお金を出すんだというんです。

中矢　回帰していっているわけですね。

船井　そうですね。そして、ここからが本題でいちばん掘り下げていきたいところなのですが、そんな中で神道はまったく違うんですね。ずっと変わらないという側面から見ると、かなり遅れた宗教に分類されると思うんですよ。信者というのが当てはまるのかは分かりませんが数百万人の規模ですし、ネイティブアメリカンなどと同じごく少数のアニミズムになると思うんですが、欧米の基準でいうと自然崇拝そのままで近代宗教どころか、宗教とも言えないということになるのでしょうね。

中矢　そもそも神道は宗教ではないですから、そのとおりといえばそのとおりですね。いまの時代の流れというのは、アニミズムから始まって、様々な宗教という形で発展して、最終的には一神教と融合したアニミズムに回帰するんじゃないかなという気がします。

神道はとにかく教義というものがないですから、神道を宗教と捉えて学問として研究しようとしても、どこをどうやって研究したらいいか、研究のしようがないわけです。だから、神道というのは語らないもので、すべては直観によるものなんですよね。

船井 仏教系の大学は山ほどありますが、神道系は皇學館と國學院の二つしかないんですよね。

中矢 そこで授業を行うとしても、神道とは祭礼が主体ですから、結局教えられることというとその祭礼の仕方についてであったり、祝詞の奏上の仕方、あるいは祝詞の作り方、祝詞の種類や神社建築などを学ぶだけであって、宗教の教え的なものではありません。作法の形を教わるだけで、その元になる本質はいまとなってはほとんどの神道関係者は分からなくなっているのではないかと思います。

でも、当然何もないわけはなくて、本質や真理があるにはあるのですが、そこは誰かに教えてもらうものではなく、自分の判断、直観になってくるんです。これは日月神示も同じなのですが、教えや戒律というのは人に頼るものだから、これを守っておけば救われるとか、これをやらなければ救われないということではなくて、すべては自分で判断しなければならない、つまり自立を求められるわけです。

宗教というのは、自分の頭では考えさせないものです。どの宗教も自分の頭で考えることを止めさせてそこに教えを入れるという、はっきり言ってしまえば洗脳なんですよね。

船井　洗脳という観点からいくと、イスラム原理主義なんかは神のため、教えのため、救われるためなら死ねるというくらいですから、大成功していると言えますね。

中矢　完全に教えに囚われてしまっているんですね。一方、日月神示というのは、自分で考えろと言うわけです。それはその源流である神道もそのとおりです。

でも一般庶民はどうしていいか分からないから、どうしたらいいか、どうやったら救われるんだと全部教えてほしがるんですね。それもなるべく簡単な方がいいということで、南無阿弥陀仏と唱えていれば極楽浄土へ行けるなんていう教えが出てきてしまったり、親鸞にいたっては悪人ほど救われると言ったそうですから、そりゃいいやという感じで楽な方楽な方に行くわけです。だけど、本当は救うか救わないかなんていうことは、自分で決めて自分で選ぶものです。

まあ、そんな大変なことを言うから日月神示は広まらなかったのでしょうね。

船井　中矢先生の宗教は退化しているという言葉で気づいたのですが、他の宗教の源流にも、宗教という教えの枠を超えたところで神道と同じような本質があって、でも大半の人々がそれが分かる、自立できるレベルに達していなかったから仕方なくというか、暫定的に戒律ができていったのではないでしょうか。

たとえば「十戒」などは「お天道様が見ているよ」というふうに思っている私たちが読むと、わざわざ厳しく言われなくてもいいようなことのように感じられますが、もしかすると当時モーセに従った人々は、なぜそれを守らないといけないかも分からなくて、それを守るだけで精一杯だったのではないかと思うんです。

中矢　でも、いまは日本も含めて世界中が、十戒に書いてあることすら守られていない状況になっていますよね。神道もご多分に漏れず退化して形骸化し本質を失ってしまっているということですね。

すべての宗教がそれぞれ真理に到達することが大切

船井　日本人にはピンとこないかもしれませんが、このままの世界情勢が続いていくと、イスラムの勢力がどんどん拡大して世界の趨勢となるのは明らかだと思います。これは父がよく言っていたことなのですが、死ぬのが怖い豊かな少数派と、貧しくて死を恐れない多数派が長期戦で戦った時、前者が後者に勝てる可能性はまったくないんですよね。

万一彼らが核兵器を手にしたりでもしたら、迷わずボタンを押すことも十分に考えられますし、幸いにそこまでいかなくても私たちにとって生き辛い世の中になるのは間違いないでしょう。

私は、いまのこの流れを変えることができるのは、やっぱり日本しかないだろうと思っていて、その方法論を中矢先生とお話しさせていただく中で見出していけたらと考えています。
以前、本当は大本が世界に広まってすべての宗教を包み込むような大宗教になるはずだったのが、弾圧されてしまったので日月神示にバトンタッチされたのだというふうに聞いたことがあるのですが、その源流である神道が、本質を取り戻して世界を包み込むような大宗教になっていくのでしょうか。

中矢　いや、それはないと思います。日本の神道は日本のみの日本人独特のものだと思うんです。たしかに、神道を国際的に広めようという動きもあって、もちろん海外に広めてもいいんだけれど、そんなには広まらないのではないでしょうか。
それに、大本ならばありえたかもしれませんが、そもそも神道は先ほども言ったように宗教ではないので教えがありませんから、広げようがないですよね。

船井　では、どうしたらよいのでしょうか。

中矢　これは私の昔からの一貫した考えなのですが、イスラム教でもキリスト教でもユダヤ教でも、教祖の本当の教え、オリジナルな教えに迫っていけば、それはそれぞれの「神道」に到達すると思うんです。「神道」というのは、神の道ですね。大切なのは真理に到達することであって、どんなルートを通ってもよいわけです。

いまの神道も含めて、形骸化している各宗教に魂、つまり○に、を入れてしまえばその国での神道になると思うんです。日本が先駆的に調停役となって世界をまとめていくことはできるというか、それが日本にしかできないことなのですが、神道を輸出して天照大神を拝みなさいなどというのは無理というか、それではもう神道でもなんでもないですよね。天照大神である必要はなくて、たとえば太陽神ラーならラーでいいですし、イスラム圏へ行ったらイスラムの流儀で拝めばいいことだと思います。

船井　たしかに、言葉も文化も環境も違う人々、たとえば水や緑がこんなに豊かな日本の人たちと、砂漠に暮らしている人たちの宗教観が同じになることはありえないように思えます。まさに、こだわることなく「日月神示的」であればよいということですね。
　それでは今度は、◯に、、魂を入れるためにはどうすればいいのでしょう。

中矢　それは、オリジナルを突き詰めていく、先ほどのチベット仏教の話ではありませんが原点回帰していくということに尽きます。
　イスラム教の場合、イスラム原理主義というとイコールテロというふうに解釈されますが、それは違うと思うんです。道を違えずにどんどん回帰していくと、実はどの宗教にもそんなに差はないというのが分かってくるはずです。イスラム教はどこにその拠り所があるのかというと、シーア派の中にあるらしいんですが、ちょっとまだ勉強不足なので、これは今後の課題として研究していかなければと思っています。

キリスト教の場合は聖書ですね。イエスの生きていた時代、あるいはもっと前の時代に遡《さかのぼ》る必要があると思うのですが、そのあたりの研究はたとえば死海文書（Dead Sea Scrolls）というのが発見されていますよね。

船井　死海文書というのは、1947年以降に死海の北西にあるヒルベト・クムラン遺跡周辺で発見された写本群の総称です。主にヘブライ語の旧約聖書と聖書関連の文書からなっているのですが、解明されていない部分も多いんですよね。イスラエルに行った時に実物を見てきました。

中矢　私も行きました。死海文書はいまも研究が続けられているのですが、いまの聖書には載っていない内容が、日月神示にかなり似ていることには驚かされます。

たとえば、これは『ザ・フナイ』の連載（2009年3月号・連載第18回）

に詳しく書いたことがあるのですが、生贄はやめましょうとか、食から肉を外しましょうとか一日は二食にしましょうなんていうことが出てきます。本当に日月神示と同じことが書かれているんですよ。それから、通常キリスト教の三位一体というのは父子精霊を指しますよね。

船井　そうですね。お祈りの時に「父と子と聖霊との御名によって」と言うのは、その三位一体を表していると聞きました。

中矢　そこで私には、じゃあ母はどうしちゃったの？という疑問があったのですが、死海文書の中には「天なる父と母なる大地」というふうに、ちゃんと父と母の両方が出てくるのです。死海文書を書いたのはエッセネ派と呼ばれる人たちだと言われていて、記された時期はたしかイエスが亡くなって間もない頃を含んでいる（紀元前250年頃から紀元70年の間と考えられる）ので、イエスが言ったことにより近い内容ではないかと思うんですね。

そういうところからも、元は同じだったのではないかということが分かるし、あるいは証明もされると思います。

船井　「母」の部分は故意に消されたのでしょうか。

中矢　長典男さんにお聞きしたところによると、聖書の中には福音書はマタイ、マルコ、ルカ、ヨハネと4つしかありませんが、実はいまもどんどん見つかっているらしいのです。これは『ダ・ヴィンチ・コード』（角川書店）にも出てくることですが、男性支配の原理にするためにニケア公会議などで都合のいい4つだけを取り上げて、都合の悪いものはみんな異端にしてしまったんですね。

ところが、実は福音書はたくさん残されていて、いま見つかっているだけでも200くらい、最終的には400くらいになるんじゃないかとも言われているそうです。数はともかく、そうやって出てきたものと突き合せてみると、やっぱり私たちは男性性と女性性、両方で完成だということが分かります。

男性原理だけ、父と子と聖霊だけというのはどう考えても不自然です。いままでの男性支配型のピラミッドの社会ではそれがよかったというか、そういう社会を作るために捻じ曲げたのかもしれないけれど、もうそれは通用しなくなってきているんですね。

船井　だから、いままでは隠されてきた文献が出てきて、証明されてきているのかもしれないですね。

中矢　スピリチュアルの世界ではけっこう以前からそのように言われていますが、やっぱりそれだけでは説得力がなくてどうしても異端扱いされてしまうのですが、それがこれからは文献的にも考古学的にも実証されていくと思います。

スピリチュアルの世界でいうとスウェーデンボルグですね。やはり異端扱いなのですが、スウェーデンボルグの言っている霊界論はほぼすべてが日月神示とぴったり符合しているんです。結局、いま主流とされている宗教はおしなべて形骸化していて、むしろ異端とされている側に真実があるということなのでしょう。神道においては日月神示ですね。

船井 神道も含めたすべての宗教は、根源的な本質に通じるような原理に立ち帰っていけばいいのですね。そうすると、教えに囚われない、宗教という枠を超えた本当の意味の「神道」になっていくと。

中矢 はい。とにかくまず日本が先頭に立って、スピリチュアルではなくて地に足のついた実践として、それをやっていかないといけないのだと思います。

スウェーデンボルグと日月神示

第2章　宗教を超える

船井　いま中矢先生からちょっと名前が出てきたので話題にしたいのですが、スウェーデンボルグといえば、やっぱり父の感覚は合っていたんだなと思います。

父は日月神示に出会うまでは、見えない世界に関する知識や情報を主にスウェーデンボルグとエドガー・ケイシーから得ていました。お客様に見せる応接室の本棚には経済や経営に関する本をズラリと並べていたのですが、自分がいつも仕事をしている書斎の本棚にはこの二人に関連する本ばかりが並んでいたくらい、真剣に研究していましたね。

オカルトやスピリチュアル一辺倒の人とは距離をおくべきだけれども、エドガー・ケイシーやスウェーデンボルグのような、誰もが間違いないと分かる人のことまで否定しないようにしながら、この面の勉強をしてほしいという ふうによく話していました。

中矢 スウェーデンボルグが残したものは膨大ですからね。私もかなり勉強しました。

船井 経緯がありましてね。父は話をつくるのが上手い人だったので、ちょっと話を盛っているかもしれないんですけれども（笑）、難波田春夫《なにわだはるお》先生という早稲田の経済学の教授と大英博物館で初めて出会ったと言うんですね。偶然そこでお会いして、なんだか気に入ってもらえて、「船井君、そんなに本当のことを突き詰めたいんだったら、ここにあるスウェーデンボルグの本が本物だよ」と教えてくださったそうです。

中矢 大英博物館はともかくとして、難波田先生という方がスウェーデンボルグをご存じだったというのがすごいことですね。

スウェーデンボルグはキリスト教の部類に入るのだと思いますが、何せ異端ですから西洋の人でも知らない人が多いようです。やっぱり主流ではない、マイナーな存在だと思いますし、それが本質だと見抜く人はなお一層少ないと思いますよ。

船井　難波田先生は明治39年生まれで、東大を成績トップで卒業され、早稲田以外に東大、京大でも教鞭を取られていたそうですし、ご著書もたくさんあります。きっと皆さん公には言わないけれど、本質的なことはちゃんと知っていらっしゃるんでしょうね。

中矢　先ほども言いましたが、日月神示の霊界論はほぼスウェーデンボルグと符合しています。天明は勉強家だったので当然スウェーデンボルグのことを知っていました。

このことから、日月神示は天明の潜在意識にあるスウェーデンボルグの知識が出てきたものなんじゃないかという意見もあります。日本のスウェーデンボルグ研究家はみんなそう思っているかもしれませんね。「天明の自作であったとしてもそれはそれで天才だ」と、スウェーデンボルグ研究の第一人者で文化女子大学名誉教授の高橋和夫さんに言われたこともあります。

ただ、日月神示をしっかり読んでいくと、たしかに内容は同じようなことを言っているのですが、記憶に残っているものが出てきたという感じではないし、表現の仕方が日本流でかつ完全に神道的になっていることが分かります。本質がまずあって、解釈していったのがスウェーデンボルグで、日本に現れたのが日月神示だと私は思っていますし、そう考えるのが自然だと思います。

船井　私も日月神示は間違いなくオリジナルだと思います。それにしても、スウェーデンボルグはかなり難解ですよね。

中矢　難しいですね。ただ、日本にもスウェーデンボルグ信奉者はいて、スウェーデンボージャンというんですが、いくつか小さなグループもありますね。

船井　関西アーバン銀行元頭取の伊藤忠彦さん、父ととても親しかった方なのですが、伊藤さんは熱心なスウェーデンボルグ研究者でした。
京大在学中にスウェーデンボルグを研究するサークルのようなものに入って、それ以来ずっとその考え方で経営してこられたようです。何度かお会いした時には、経営のことではなくてスウェーデンボルグのことばかりを滔々《とうとう》と語ってくださったものです。

中矢　仏教学者の鈴木大拙《すずきだいせつ》は実はスウェーデンボージャン、それから初代文部大臣の森有礼《もりありのり》も敬虔なスウェーデンボルグ信奉者でした。
知る人ぞ知るというか、知っている人は知っているものなんですね。

輪廻転生の本質

船井　そう言えば、伊藤頭取に言われたことでひとつだけよく覚えているのは、生まれ変わりはないということでした。「先祖が守ってくれるというのはあるが、生まれ変わりなんてない。船井さんはその点が間違っている」と。

中矢　キリスト教では生まれ変わりはないということになりますからね。

船井　一方で中矢先生は過去生では大変な人生が多かったとよく本や講演などでおっしゃっていると思うのですが、日月神示の中では生まれ変わり、輪廻転生はあるということでしょうか。

中矢　日月神示を普通に読むかぎりは、輪廻転生はあるという前提で、生前・生後・死後といったふうに出てきます。

船井　そうですよね。ここまでのお話の中でも何度か出てきましたが、日月神示の中には「メグリ」という表現があって、家系の中でいろいろあった事が噴出してくるというふうに書いてあって、これも輪廻転生を感じさせますよね。メグリはよく言われるカルマと同じものなのでしょうか。

中矢　同じと見ていいでしょう。カルマもそうだと思いますが、メグリには良いメグリもあります。善徳を積めば善徳が巡って来るわけですが、なかなか善徳を積めていない、貸借対照でいえば負債の方が大きい人が大半なので、どうしても負債を返してくださいというようなことが多くなってしまうんですがね。

船井　自分ことを考えてみても、そうだろうなと思いますね。

ちなみに、エドガー・ケイシーは敬虔なクリスチャンだったんだけれども、前世があることを示唆するリーディングをして、私は悪魔に取り憑かれているのではないかとものすごく苦悩されたそうです。でも、後に実は聖書の中にも輪廻転生が感じられる部分があるというのを霊的存在に聞いて納得したようです。

中矢　そうですか。聖書に輪廻転生が感じられる部分がありましたか。

ただ、私もよく分からないのが、日月神示も繰り返されるという思想ではあるようなのですが、たとえば勝仁さんという人が亡くなって霊界に行かれて、またこの世に生まれてこられるということを繰り返すような、輪廻転生というのはそんな単純なものなんだろうかという点です。人の個としての魂が行ったり来たりしているだけなのか、そこが分からないんです。

船井　抽象的な表現になりますが、ひとつの時系列ではない、多次元なのではないでしょうか。

中矢　私にもそう思えるんです。以前『玉響』で連載していただいていた高橋善則《よしのり》さんは、ヒプノセラピーで能力が芽生えて前世が見えるようになったそうです。高橋さんは「ヤスの備忘録」の高島康司さんからすごい人がいると紹介してもらったご縁なのですが、10分、20分と見ているうちにどんどん、もう調査したら特定できるんじゃないかと思うくらいその人の前世の描写が明確になっていくそうなんです。

その高橋さんに言われたのが、前世というのはいくつもあるんですが、そのうちいまのその人の人生に強く影響を与えている前世が見えてくるそうです。ところが、不思議なことに二つの前世が見えた時に、その時期が重なっていることがある。ということは、ある時期において、一人の人が別の人としても同時に存在していたということになるわけです。これはパラレルワールド、多次元の世界といった解釈を持ち込まないと理解できないことですよね。

船井　実際にそういう事例があるのはすごいことですね。私たちは時間軸は直線的に流れていると思っていますが、実はそれは単なる思い込みで、最近の量子力学などで徐々に証明されてきているとおり、本当はそうではないんじゃないかと私は思っています。

中矢　日月神示を読んでも、過去もいま生まれているとか、未来もいま生まれているとか、そういった書き方がされているんです。それじゃあ一体、生まれ変わりとはどういうことなんだろうと思ってしまいますよね。

これが真実に近いんじゃないかと思うのは、元大本信者だった大谷司完《おおたにしかん》というう、スウェーデンボルグのように様々な世界を探訪された霊能者の方がいましてね。その大谷司完の『天使の声』（ことしろ舎本部）というマイナーな本があるのですが、そこには、一霊四魂の四魂の部分、荒霊、和魂、幸魂、奇魂の弱い部分がこの世に人として生まれてきて修行して、亡くなったらまた元に戻ると書いてありました。つまり、魂の本体は霊界にあって、その内の一部が生まれてきて、死んだらまた帰るということで、いわゆる我々の生まれ変わりの概念とはかなり違うんですね。

船井　私の感覚だと、分離した個人がグルグル輪廻を繰り返しているというよりも、そちらの説のほうがしっくりする気がしますね。超意識とかアカシックレコードというのが、その魂本体のほうにあるとすれば、私たちが霊界とつながる存在というか、分け御魂《みたま》であるというのも、まさにそのとおりだということになります。

中矢　ただ、時間や空間というのは本当はないもので、いまの瞬間に過去も未来も同時存在しているとするならば、メグリというのはじゃあ何が巡っているのかなあと思うわけですね。ちょっと想像の範疇を超えてしまうというか……。

それに、個人のメグリ、家のメグリ、国のメグリ、と出てくるんですね。

世界のメグリとも出てきます。そうすると、自分が強く関わっている時系列のラインというのはやっぱりあるんじゃないかと思うんですよ。

それから、日月神示には類魂《るいこん》という言葉が出てきます。同類の魂というのがあって、同じ質を持っていて、いまで言うところの「引き寄せの法則」だと思いますが、それらの魂はお互いに引き合うんです。自分と強く縁のある人というのは、もしかすると究極的には、すべて同じ自分の現れかもしれませんから、そういう意味では自他同然という考え方は当たり前ということになります。でも、やっぱり共通したメグリがあるグループではあったとしても、それぞれパーソナルな存在として生きていると思うので、空間の広がりもあるように感じるんですよね。

船井　もしかすると、いまの私たちは時間に縛られているというか、直線的な時間を一番大切にする次元を選択して生きているから輪廻転生というシステムができて、それに応じたメグリが発生しているのかもしれませんね。

いま、本当にいろんな分野の方が口をそろえて、心身魂の浄化、クリーニングの重要性を説かれています。日月神示でいう身魂磨きだと思うのですが、身魂磨きにしっかり取り組んで個人だけではなくて全体も含めたメグリを落とさせてしまうと、時間あるいは空間に縛られないという次元にステップアップしていけるのではないかという体感というか兆しが、日月神示を読んでいて感じられたように思います。

中矢　ハードルが高い話ですね。でも、だからこそ日月神示ほどのものが降ろされたということだとしたら納得がいきます。

舩井　苦しくないと言ったら嘘になりますが、気づいてしまったらもうやるしかありません。いまの私たちが実際に行動できるのは「いまここ」しかないですから、前世のことを聞く機会があれば参考にするのはいいですが、あまりこだわる必要はないんじゃないかと思います。

中矢　そこは大いに賛同します。分かったところで変えられない前世の話に一喜一憂している場合ではありませんからね。大切なことはいまここに残っているメグリを解消していくことであり、それは私たちが身魂磨きをどれだけするかにかかっています。

すべての宗教を受け容れ包み込む

第2章　宗教を超える

船井　輪廻転生の話をしていて、ちょっと気がついたことがあるのですが、神道は死後の世界観というのが黄泉の世界しかなくて、これは宗教的な観点からすると明らかに弱いですよね。

中矢　弱いですね。神道のお葬式は神葬祭というのですが、仏教っぽくアレンジされているほどです。

神道は個人として死んだ後どうすればいいところに行けるのか、あるいは生まれ変わり、死後の世界はあるのかといった教えは一切ないんですよ。死んだらみんな黄泉の国に行くんですが、黄泉の国というのは穢れの国なんですね。だから神道の死生観はネガティブというか救いがないんですよ。

そこに救いを与えてくれたのが仏教です。中世の頃に戦や病、度重なる飢饉などで死が身近な恐怖になった庶民が、死んだらどうなるのということを教えてほしかったところに、仏教が回答を示してくれたんですね。仏教美術というものがありましたから、仏像や曼荼羅などの具体的な美しいビジュアルで見せてくれたわけです。

船井　『いのちの革命』（きれい・ねっと）という本を一緒に書かせていただいた看取り士の柴田久美子さんは、死とは「穢れ」でも「恐怖」でもなく、すばらしい旅立ちだとおっしゃっています。

このことは間違いなく真実だと感じたのですが、ちょうど日本の本質は神道だろうと感じはじめていた頃で、しかも柴田さんが出雲大社の氏子でその大祭例の日にお生まれになったということを知ったこともあり、神道と相反していてもまったく揺るがない柴田さんと話すうちに、これは「革命」だと感じたんですね。

中矢　それでタイトルが『いのちの革命』なのですね。

船井　はい。でもある勉強会で、神道において死を「穢れ」とするのは、当時もっとも恐れられていた伝染病などの広がりを抑制するためだったということを教えていただいて納得していたのですが、よく考えてみるとそれって本質でもなんでもないですよね。ということは、もしかすると神道の本質において死は「穢れ」などではなくて、むしろ柴田さんの主張こそが本質に近いのではないかと思ったのです。

また、竹内文書には「黄泉の国」というのは本来、「夜の国」を指しているとあるそうです。陰陽でいうと夜は女性を表していますから、神道の中でも女性性を封じようとする動きがあったのかもしれません。

先ほど中矢先生から「死ぬということは魂の本体に戻ること」というのをお聞きして、ますますそのように思えてきました。

中矢　死生観の修正というのは必要なことでしょうね。前回の対談で勝仁さんに教えていただいたように、病院のベッドが足りなくて何十万人という人が自宅で死を迎えなければならないことになるという２０２５年問題もすぐそこまできているので、死ぬことが恐ろしいとか、誰かに救ってほしいという考えのままでは、どうしても美しいものの手軽なものになびいてしまうことになります。

船井　団塊の世代の方々が本格的に後期高齢者になっていくんですが、厚生労働省もベッドの数を増やすことをあきらめていて、49万人もの人たちが病院で死ぬことができないという予測が出ているそうです。

中矢　仏教が入ってきた時もとにかく死に対する恐怖感というのが強かったんですよね。本来は神道の体現者である天皇までもが仏教徒になってしまわれるという事態に陥って、聖武天皇に至っては自分は「三宝《さんぽう》の奴《やっこ》」、つまり仏教の奴隷であるとまでおっしゃってしまわれたのです。

船井　この時は神道の危機であると同時に、仏教を浸透させることによって中国、当時の隋や唐が日本を侵略しようとしていたという危機でもあったのですよね。ここでは八幡神があらわれてくださって、神仏習合ということで仏教を包み込む形で難局を乗りきったわけです。

それと同様に大本の開祖出口なおに降りたお筆先、そしてそれに続く日月神示というのは、キリスト教というか西洋の脅威によって危機に陥っている私たちに向けて神が意志をあらわされたのだと思いますが、読めば読むほどいまの私たちが直面しているのは、八幡神の時以上に厳しい状況なのだろうということを感じます。

それでも、今回も仏教の時と同じように、すべて受け容れて包み込んで、ある意味自分のものにしていくというような流れでいいのでしょうか。

中矢　それでいいというか、そうするしかないですよね。昔のように鎖国すればいいというようなことを言う人もいるようですが、そんなことをしても先延ばしにするだけのことですし、何よりグローバル化が進みインターネットがこれだけ普及しているいまの社会でそんなことができるわけはないですから。

船井　こうして考えてくると、「過去・現在・未来」という直線的な時間の概念が生まれたことで、過去があるからメグリが生まれるようになり、未来があるから恐怖が生まれて、それを解消するために宗教が生まれたのではないかと思います。

おそらく、メグリを解消していくことで過去にとらわれることを止め、死生観を正しく持つことで未来を心配し恐怖することを止めて、本当に「いまここ」だけに生きられるようになることを目指していけば自ずと宗教を超え、本質とつながる神の道が開けるのではないでしょうか。

中矢　日月神示に出てくる大掃除、お洗濯というのは、そういったところを示しているのかもしれませんね。

いずれにしても、これからの日本は率先して自立を果たし、身魂を磨いて本質的、根源的なことを感じ取り、その生き方を世界にお手本として示していくようにならないといけないのだと思います。いまの日本の状況を見ると非常に厳しいのですが、いまここに生かされている以上、決してあきらめてはならないと思います。

第3章

資本主義を超える

2020年、子の年真中にして前後10年は大きな正念場

船井　いまは大激変の時代真っただ中なのは間違いないと思うのですが、それゆえに色々と未来予測に関する情報が錯綜しているように感じるのですが、中矢先生はどのようにお考えでしょうか。

中矢　具体的な未来予測というのは難しいと思いますね。ただ、いままでの社会システムだとか金融システムだとかどころではない、地球全体もしくは太陽系全体、もしかすると宇宙全体くらいの大きな範囲での大激変の時代が始まっているんだろうと思います。古い地球から新しい地球へ脱皮するみたいな感じですね。

日月神示に、「どこから何が飛び出すかわからんぞ」という表現があるの

ですが、本当に少なくともここ数年はどこから何が飛び出してくるのかわからない。天変地異なのか経済的なクラッシュなのか、戦争もないとは言えないでしょう。毎日毎日が本当に真剣勝負というか、いよいよ安穏と生きることはできない時代に入ってきてしまったなと思いますね。

船井 敏感な人たちは、なんとなくでもそんな時代に入ったことは分かっているように感じます。超プロと言われているような人たちは、それぞれの分野で似たようなことを発信し始めていますし……。

中矢 勝仁さんが書かれた『天律の時代が来た！ 生き方の原理を変えよう』（徳間書店）の中にスパイラルの渦のお話がありましたよね。実は私も似たようなものを思い描いているんです。

船井 はい。いま思うとちゃんと本質を理解できていたかどうか甚だ疑問ですが、日月神示のことも引用して書かせていただきました。

世界は一定の法則をもった「波」のように動いていて、たとえば、村山節《みさお》氏が発見された「文明の中心は800年周期で東洋と西洋とで入れ換わる」という法則によると、21世紀は西（欧米）の文明が崩壊し東（日本などアジア）の文明が夜明けを迎える「文明交代期」にあたります。

また、千賀一生《ちがかずき》氏の「ガイアの法則」によると、いまはロンドンから東経135度の明石、淡路島に文明の中心が移るという村山氏とほぼ同じ約800年周期説に加えて、シュメール文明から始まった二元論的な動きが終わって一元論的な動きに変化していく6444年周期の転換点、その2倍ではムー大陸が滅んだと言われる約12800年前にかなり近似な数字にもなることから、そこまで巻き込むほど大きな変換点にあたるというのです。

そこで、いま始まりつつある「天の理」にしたがって生きる時代のことを「天律の時代」と書かせていただいたのです。

中矢　千賀さんの本を読むと、ちょっとスピリチュアルに傾き過ぎている気もしますが、あえてそういう書き方にしているともおっしゃっていました。でもたしかに、日月神示の内容から考えても８００年ごとに東西の主役が代わるというだけではない、もっと大きなサイクルの流れが折り重なった超巨大な転換期を私たちは迎えていると思うんですね。

船井　『ひつく神道入門』（徳間文庫カレッジ）にある逆律から順律への転換でしょうか。

中矢　そうですね。その本にはそこまで書いていませんが、段々と回転が速くなって凝縮していって、ある転換点に到達すると今度は逆回転をはじめて末広がりになっていく。私はいまの世の中の動きをそんなイメージで見ているんですね。いまは長い人類史の時間軸で言うと、人口も爆発しているし、地球環境も大きく変動している、情報通信の革命によって人類の意識が急速に変化し始めている。様々な面でサイクルが速くなってきている気がします。まだ逆回転を始める段階、転換点には至っていないんだけれども、地球自体がそういう差し迫っている段階にあるのかなという感覚を持っています。おそらく、もう逆律から順律に移り変わることは決まっていて、でもこのままだと上手くシフトできずにほとんどの人が落第してしまうということで、日月神示が降ろされたんだろうと思います。

船井　急ぎなさい、身魂磨きをもっと頑張りなさいという感じですね。日月神示にもいつが転換点なのかというような示唆はありますよね。

中矢　先ほども言いましたが、地球規模の時間軸でいくと72年前なんて昨日みたいなものですから、この転換点の直前に降ろされたという感じだろうと思いますね。

日月神示はいつこうなるといったことを決め付ける記述はないので、ピンポイントでは分からないのですが、いくつかヒントになる記述はあります。「子《ね》の年真中にして前後10年が正念場」という言葉が一番有名ですね。じゃあ、いつの子年なのか。私はこれもスパイラル的に、12年に一度巡ってくる子の年を真中にしたそれぞれの正念場があって、徐々に大きく極まっていくのではないかと思うんですね。

一切のものは◎（うず）であるぞ。同じこと繰り返している様に、人民には見えるであろうなれど、一段ずつ進んでいるのであるぞ。

（春の巻　第10帖）

直近の2008年だとするとその前後10年で2013年くらいまでの間だったのですが、その時にも正念場はあって、今度は2020年東京オリンピックの年が子年なんですね。そして前後10年というと、実はちょうど今年から始まっているんですよ。

この2016年からの10年間は、より極まったかたちで大きく変動すると思います。それが転換点というか飽和点になって、逆回転が始まるタイミングになるかどうかは分からないですが、入ってくる様々な情報から鑑みても、今年からの10年はそれこそ資本主義が崩壊するくらいのことが起きてもなんらおかしくない思うんですよ。

2017年は経済の年

船井　たしかに、今年入ってからザワザワするようなことが多いですね。私の専門は経済なのですが、今年は経済的には大事件は起きないのではないかと予想していたのが、年明け早々大きく相場が崩れて予測を外してしまい胆を冷やしました。しばらくは懺悔の原稿ばかり書いていましたね。

中矢　たしか、ちょうどその時にこの本のための最初の対談をしていて、かなり辛そうでしたよね。

船井　今年の株式市場の動きを1万9000円プラスマイナス3000円だと予想して、1万6000円は切らないでしょうと言っていたのが、年明け早々あと数円で1万6000円を切るというところまでいってしまったのです。

私は調子が悪くなったり困ったことがあると決まってお酒を飲み過ぎるんですが、この時は本当によく飲みましたね。予測をする立場にあるのだから、よく言えばしっかりと覚悟を持って、有り体に言えばもう少し厚かましいくらいにならないといけないなと反省しました。

変動率のことをボラティリティと言うんですが、もう少しボラティリティが高そうなので、3000円だと思っていたのを5000円くらい、ことと場合によっては10000円くらいに修正してもいいかな、そう考えると9000円から2万9000円まであるかもしれない、などと思い始める始末でした。

中矢　それだと、もうどこでも予想通りと言えてしまいますね（笑）。でも、株価のことはあまりよく分かりませんが、いまは安定しているようですね。

船井　はい、それこそ予想していた下のラインである1万6000円あたりで、いまのところ比較的落ち着いていると言っていいと思います。

私が予想を外した一番大きな原因は、実は天狗になってしまったことだと思っています。もちろんものすごく勉強してはいるのですが、経済のことは完ぺきに分かった！　ぐらいに思ってしまった瞬間があったんです。とんでもない、まだ全然分かっていないということをしっかり教えてもらった気がします。

いかに謙虚でい続けられるかが、何より大事なことなんですね。ちょっとぐらい分かったって、そんなものは分かったうちに入らない。ずっとまだ何も分かっていないという謙虚な気持ちを持ち続けながら、研鑽し続けられるかどうかが一番大事だなと痛感しました。

中矢 どんな分野でもそういうことはあると思いますよ。それこそ必要な学びであり、身魂磨きだったのでしょうね。

船井 本当にそうだと思います。そして、そういう想いを持ちながらたくさん懺悔の原稿を書いているうちに、短期的な予測が外れたからといって、自分の考えのすべてが間違っていると決めつけるのはそれこそ浅はかなのではないかと思い始めました。

そのようなわけで、やっぱり今年いっぱいくらいは、経済的にはそれほど大きな危機的状態には陥らないだろうと思っています。

中矢 経済のことでは、イギリスのＥＵ離脱問題が気になりますね。

船井　まったく予想していなかったので、本当に驚いたのですが、事の真相は、キャメロン首相と同じ保守党のボリス・ジョンソン前ロンドン市長の政争が危険な国民投票に発展し、取り返しがつかなくなってしまったということのようです。ジョンソン氏もキャメロン首相もまさか離脱派が勝利するとは思っておらず、ジョンソン氏からすれば、少しでも離脱派が票を伸ばすことによってキャメロン首相を退任に追い込むことが目的だったようですが、結局次の首相にはなりませんでしたね。

それはともかく、短期的には日米欧の政府筋は今回のショックに対する十分な対処力があったようで、株価などの経済指標は戻ってきましたが、ヨーロッパの危機がこれで徐々に深まっていくのは間違いないと思います。したがって、中長期的には危機の始まりのトリガーを引いたことになるという可能性は十分にあると思います。

中矢　先ほどの「ガイアの法則」から考えても、これまで400年間、地球社会の主役を演じてきたアングロサクソン文明の中心地イギリスが、ＥＵからの離脱という形で文明崩壊の引き金を自ら引いたということは十分に考えられると思います。ちなみに、今までの世界のリーダーはアメリカじゃないかという意見もあるかもしれませんが、「ガイアの法則」では、アメリカはイギリスから派生して出来た国家と捉えて、あくまでイギリスが中心地と見るのです。

船井　たしかにそうですね。この国民投票の結果を受けて、これで同じ路線のトランプ大統領になる可能性がかなり高まったと感じていたのですが、イギリスの混乱ぶりを見てやっぱりトランプ氏が大統領になったら大変なことになると気付いたアメリカでの支持率は落ちているようです。

しかし、「ガイアの法則」のお話を伺って、11月のアメリカ大統領選がとても心配になってきました。言い方はよくありませんが、少なくとも日本にとってはイギリスの混乱の方がいまの世界のリーダーであるアメリカの混乱よりはましだと思っていたのですが、アメリカがイギリスから派生してできた国だと考えると、当然混乱はアメリカへと派生していくことになりますよね。その流れでEU離脱派と同じ路線のトランプ氏が大統領になったら、日本はかなり大きな影響を受けることになると思います。

中矢　ヒラリー氏とトランプ氏、どちらが大統領になったとしても、混乱がアメリカに派生していくのは自然な流れなのではないでしょうか。ではそんな中で、日本に経済的な危機が起こるとしたらいつになると思われますか。

船井　来年の可能性が高いですね。消費税の増税は2019年10月まで2年半延期されたので、それが試練になることは一旦はなくなったので、来年以降という表現のほうがいいのかもしれませんが、アメリカ大統領選のこともありますし予断は許さないと思います。

いまの市場というのは、1秒間に数千回のトレーディングができるシステムが稼働していて、実はこれまで金融を支配してきた人たちにも予測不可能になってきているようなんです。じゃあ、実際にそれを動かしているのは誰かというと、世の中の方向性のことなんて考えていない30代くらいのトレーダーたちなんですね。彼らは自分が勝つことを目的にしているだけなので、どうなっていくかは予測できないのです。

塚澤健二先生という経済予測をものすごく的中させているアナリストがいらっしゃるのですが、「来年は怖いですよ」とおっしゃるので、具体的にはどうなるのか、どういうふうに怖いのかをお聞きしたら「何が起こるか分からないから怖いんですよ」とおっしゃっていました。

中矢　リーマンショックの再来のようなことが起きるのでしょうか。

船井　リーマンショックのようにはならないでほしいと思いますね。なったら大変です。東京オリンピックなんて、絶対できなくなりますから。

リーマンショックの時に世界の金融のルールが完全に変更されて、中央銀行は何をしてもいいということになったんです。でも、もし同じようなことが起こったらこれ以上ルールは変えられませんから本当に大変なことになるだろうと思います。

それに、ちょっとこれは中矢先生には叱られてしまうかもしれませんが、私の盟友である小川雅弘さんのメンターで、プレアデスのメシアメジャーという存在からメッセージを受け取っている村中愛さんという人がいるんですね。彼女がメシアメジャーから受け取るメッセージがどこまで正しいのかは私には分からないのですが、長年お付き合いをさせていただく中でバランスの取れた人格をお持ちであることは十分認識しています。

その村中さんが今年からの３年間で、これから３６０年間の歴史が決まると話されていて、その３年にはそれぞれにテーマがあるのですが、２０１７年のテーマが「経済」だと言っているんです。

中矢　いやいや、私は霊的な能力のある方を全員毛嫌いしているわけじゃないんですよ。地に足のついた有益な情報をくださる方も多くいらっしゃると思います。結局、妄信せずに、その見極めをしっかりやっていくことがとても大切だと思いますね。

船井　私もそう思います。

話を戻すと、子の年が２０２０年なんですよね。来年、それに消費税が上がる２０１９年を乗り切れたらの話になりますが、実は日本にとって最も経済が危険になる可能性が高い大本命は２０２１年なんです。

オリンピックは大規模な公共事業の前倒しという側面が強いこともあり、どの国でも開催された翌年は必ずと言っていいほど景気が落ち込みます。

リーマンショック以降、他国同様日本も問題を先送りにして、矛盾をドンドン積み重ねっていっている状態で、それによって金融の世界は上向いているようにも見えますが、足元の実体経済には良くなる兆しは見えていません。この状況のままでは２０２１年はとても乗り超えられないと思うのです。

民主主義や資本主義の真髄を理解できない日本人

第3章　資本主義を超える

中矢　来年にまで迫っている経済の危機を回避するのはなかなか難しいですよね。たしか、2015年2月にNHKの番組で預金封鎖が取りあげられたことが様々な憶測を呼んでいましたが、やはりそういったことが起こってくるのでしょうか。

船井　そうですね。そもそも金融政策というのは、建前はともかく本音では強い人のために行われるというのが世界の常識なんです。しかし、日本の政策当事者は他国に比べれば弱いものに対しても温かい政策を採っており、このためにリーマンショックの後は日本だけがひとり負け状態になっていました。
この弱肉強食の競争に負けていた従来の状態を、世界標準に合わせた政策を実施することで回復させたのがアベノミクスなのだと思います。情緒的だった日本の資本主義を合理的なものに変えようという試みで、一定の成果を上げましたが結局は日本人の奥底にある「世のため人のため」に行動すると心地が良いという感性にはフィットせず、定着しなかったように思います。

中矢　つまり、アベノミクスは失敗だったということになるのでしょうか。

船井　私はそう思いますね。

近代西洋で発達した経済学には、市場の参加者は全員が合理的な行動をするという前提条件があります。合理的ということは、自分の利益を少しでも大きくするために行動するということなんですが、日本人にはそれができないんです。

そもそも、何百年もの間の戦争をくぐり抜けて現在があるヨーロッパの人たちのように強《したた》かに振る舞うのは私たちには難しいんですよね。

中矢　それだけ大きな犠牲を払ってきたということですね。

船井　はい。ちょっとさっきから私ばかり喋ってしまって恐縮なのですが……。

中矢　勝仁さんは経済がご専門なのだから、どうぞ気にせず続けてください。

船井　ありがとうございます。先ほどの宗教の話題とリンクしますが、ヨーロッパでは14世紀から16世紀くらいの間に、ルネッサンスや宗教改革が起こってきました。ルネッサンスには文化が興隆したという側面もありますが、それよりも商業的な価値観の重要性が格段に高まっていくという影響を社会に与えたんですね。

旧来のキリスト教的な感覚では金銭的な豊かさは良いイメージがなく、聖書では利子を取ることを禁じられているために、当時の体制では商業的な価値観というものはイコール卑しいものとみられていたのですが、そこにも大きな変化が訪れました。

中矢　少数派であり、同胞以外からであれば利子を取ることを禁じられていないユダヤ教徒が商業の中心を占めるようになり、その中でも一番大切な金融業を牽引するようになって、そこに多くの富が集まるようになったんですね。

船井　そのとおりです。やがて、そんな情勢と、腐敗してきた教会を基盤とする宗教界の在り方に意義を唱える形でプロテスタントという新しい動きが急速に広まってきました。しかし、それは旧来の宗教的権威によって守られてきた権益を失うことになる宗教家や、その権威によって守られてきた封建領主にとっては到底受け入れることができない価値観の転換であることから、大きな軋轢が生まれて宗教戦争が頻発するようになったんです。

そのクライマックスともいえるのが1618年から1648年までに断続して起こった三十年戦争で、ペストの流行という直接的には戦争の被害とはいえない要素もありましたが、戦闘の中心的な地域であった現在のドイツにあたる地域の人口が、一説には半減するほどの激しい戦いが起こったと言われています。

中矢　人口の半分というのはすさまじい犠牲ですね。

船井　日本においてこれまでにない大きな傷跡を残した先の大戦でも、亡くなられた方は全人口の最大5％程度と言われています。それが半分となるともう、想像もつきませんよね。

この大きすぎる犠牲に対する反省から結ばれたのが、いまでも外交の基本的考え方になっているヴェストファーレン条約です。この条約では、とにかく不毛な戦争を避けるために国という単位が外交交渉の基本単位として確立されることになりました。また、国は宗教を選択する自由がありますが、その国民にも信教の自由が認められるという画期的な取り決めが結ばれるなど、現在の基本的な外交のルールのほとんどがこの条約から生まれたのです。こうして基本的な人権が守られる基盤ができたことで、現在の民主主義という体制が確立していきました。

一方の経済的な仕組みは、プロテスタントの倫理観を背景に禁欲主義で一生懸命働いてお金を稼ぎ、それで余るようになったお金を集めて産業に投資をしていくという資本主義の仕組みが広がっていきました。

中矢　そして、日本も明治以降その民主主義、資本主義を取り入れたんですね。

船井　ただ、取り入れたものの、日本には欧米の血みどろになりながら確立した民主主義や資本主義の真髄を理解できず、先進国の中では日本だけがどうしても合理に徹することができないまま今日に至っています。でも逆に考えると、理解できないからこそ、これだけの豊かさを享受しながらかつアニミズム的な宗教観を現代でも持ち続けるという奇跡を、日本は体現できているのではないでしょうか。

民主主義、資本主義の真髄が理解できないことは、現代社会における日本の大きな弱点だと言われてきたし、最近まで私もまずは理解しないことには同じテーブルにつけないと思ってきました。でも、その仕組みがどう見ても終焉を迎えつつあるいま、仏教やキリスト教の宗教観をうまく換骨奪胎《かんこつだったい》して受け容れてきた日本の神道的な宗教観が、大きな威力を発揮する局面が間もなくやってくるのではないかと思うようになってきたんです。

中矢　そもそも、理解する必要がないのかもしれませんね。選民意識というわけではなくて、やはり今度は日本が中心になって新しい時代を創っていくんだろうと思います。

経済に対する意識を「奪う」から「与える」に変える

中矢　来年以降、経済はかなり厳しい局面を迎えるということなのですが、そこを日本人はどう乗り超えて新しい時代を創っていけばよいと思いますか。

船井　世界の流れというのはなかなか変えられないと思うのですが、日本人がお互いに与え合うとか、持っている人は持っていない人に分け与えることをすれば、日本に限って言えば問題は解決すると思います。たとえば国債にしても、ほとんど貸し手も日本人なので、みんなであきらめればいいじゃないかということですね。

もちろん、私自身も含めてそう簡単な話ではない、ある意味絵空事のような話なのは分かっていますが、読者の皆さんにはぜひ心に留めておいていただきたいのであえて言うと、「このままいったら日本が潰れてしまうからみんなで助け合おう。これだけ困っている人がたくさんいるんだから、自分の資産がどうのこうのと言っている場合じゃない。貯金も年金ももういらない」という意識にみんながなれるかどうかだと思うんです。

中矢　日本人がそれをみんなの総意として言うことができればいいということですね。

でも、もし仮に国債とか地方債とかそういう借金を、全部棒引きでいいですということにしたら、国としての信用が落ちてしまうのではないでしょうか。

船井　外国にはちゃんと支払って、日本人だけが要らないと言うのであれば、それは日本国内のことだから信用が落ちるということにはならないでしょうね。

中矢　そうは言っても、自分で積み立てた年金がなくなってしまうのは、皆さん困ると思いますが……。

船井　新しい社会保障の仕組みを考えればいいと思うんですよね。食料とエネルギーの確保が心もとないですが、食料が100％自給できるようになりさえすれば、すべてチャラになっても本質的には何も困らないんじゃないかと思うんです。

実はそれをやらなくても、中矢先生のおっしゃるとおり、このまま進んでいくとハイパーインフレになってどうせ預金も何もかもチャラになる可能性が高いわけです。その前に私たちがチャラでいいです、お互いに与え合い支え合う経済を一から創っていきましょうと言えるかどうか、そういう意識を持てるかどうかということになりますよね。

中矢　そのとおりだと思います。実は日月神示のいう経済や政治も、「与える」ことが基本的な概念なのです。私は本当に経済にあまり関心がないというか、疎いところがあるのですが、いまの世の経済というのは、「奪う」ことを中心に考える経済ですよね。労働によって得たお金を、その人からどうやって奪うとか、商取引を通じて利益が出たものに、国や市町村が税金を課して奪うとか……。そうやって他人からお金を奪う方法を、官も民も一生懸命に考えているのが、いまの経済の本質だと思うんです。ところが、日月神示でいう経済、「神の経済」と出てくるのですが、これはまったく違います。

今の経済は悪の経済と申してあろがな、もの殺すのぞ。神の国の経済はもの生む経済ぞ。

（日月の巻　第6帖）

船井　「奪う」から「与える」に意識を変えていくということですね。

中矢　そうです。20年近く前だと思うのですが、日本弥栄の会の有志会員で「神の経済」の実践について議論したことがあるんですね。その時、外部から加わってくださったある有識者から、与えるばかりではすぐになくなってしまうから、「与える」というより、「与え合う」経済ではないでしょうか、とのご意見があったのです。

船井　意識していませんでしたが、私もさっき「与え合う」と言いましたね。

中矢　まあ、常識的に言えばその通りなので、私たちも「与え合う経済」という言葉を使い始めたのですが、いま考えると、それでは神示の意図をよく理解していないことになると思うんです。

「与え合う」ということは、俺はこれをお前に与えるから、お前はそれを俺に与えろということです。つまり双方通行であり、ギブ・アンド・テイクなんですね。この発想を突き詰めていくと、お前がそれを俺にくれなければば、あるいは、誰かが俺にくれないのなら、俺も誰にもあげないということになってしまいます。

勝仁さんがおっしゃるような「貯金も年金も必要ないです」ということを言うには「与え合う」ではなくて、一方通行の「与える」にまで意識を変えないといけないんです。

船井　当たり前のように使っていましたが、本当にそのとおりです。常識に囚われないことが大切と言いますが、けっこう内側にまで沁みついているものですね。

中矢　ずっと、それで生きてきていますから、それを変えるというのは本当に大変なことです。

「神の経済」はあくまで「与える」だけです。お前がくれなくても、誰も俺にくれなくても、俺は与える。それも、与える相手を選ばず、どんな人であっても無条件に与える。共産主義はプロレタリアート、つまり労働者によ る天国を目指した思想ですが、日月神示は、与えようとする相手が働かなく ても与えよというのですから、ある意味、共産主義以上です。

そうやっていつも与えるようにしていくと、どんな人でも本質には神様の 分け御魂を持っているわけだから、いつか自分も喜んで働くようになる、だ から、長い目で見てやりなさいというのです。常に与え続けていると、与え たその人から見返りはなくても、めぐりめぐって、やがていろいろな方向か ら、万倍となって返ってくる。そんな善循環が日月神示のいう、「与える経 済」なのだと思います。

船井　ですが、現状ではそれをそのまま実践するのは限りなく難しいですよね。 いまの現実社会は与え合いどころか、奪い合いですから、そのまま額面通り に受け取ってしまうと、大変なことになります。

中矢　思いきって一気に神示の通りに、与えて、与えて、与えっぱなしを実践するというのも、ありかもしれませんけれどね。天理教の中山みき教祖は、天《てん》理王命《りおうのみこと》が憑かった当初は、「貧に落ちきれ」という神命のままに、自分の家の様々なものを周囲の人たちに分け与えていきました。それでこそ、大教団への道が開けたのだろうと思います。一般人にとっては、さすがにそんなことは無理ですが、なるべくそれに近づけるように、できるだけ実践するだけでも違うと思います。

船井　自分の生活の中で与えることを優先するように心がけ、クセづけしていくということですね。

中矢　私のやり方で言うと、最初から自分の取り分はいくら欲しいとか、相手より自分がまず儲けようとか考えずに、まずは相手が儲かるように、成功できるように考えます。それが神示に示されたことの実践になっているのかどうかはわかりませんが、私の仕事のポリシーは、もともとそんな感じなんです。

もちろん、ちゃんと実績を上げて結果を出すことが第一ですが、こういうやり方でいくとそんなにガツガツしなくても、周りの人たちからは大事にされますし、余計なことを言わずとも信頼されるようになってきます。

船井 そこが日本ならではのことで、仕事でも家庭でもその部分をより伸ばしていけばいいと思うんですよね。

中矢 ただし、自分がまず儲かろうとする人とか、嘘をついたりごまかしたりしてでも良い思いをしようとする人もまだ多くいるので、そういう人とは関わらないというか距離を置くようにしています。そういう意味では、誰でもいいわけではなくて、人を選ぶこともしないといけないと思います。

この世で一番大切なことは、信義なのではないかと最近よく感じます。相手を信じ、信じられる己となる。嘘はつかない。約束は守る。けっして欲張らず、手柄を自分だけのものとしない。引き受けた仕事はキチンとこなす。なんだか当たり前のことばかりのようですが、人生は結局、そういう小さな信義の積み重ねだと思います。そういうことを教えてくれたのが、日月神示の何気ない一節でした。

よきことは 人にゆずりて人をほめ 人たてるこそ 人の人なる

（春の巻　第35帖）

自分よりも周りを立てるようにしていけば、自分も立ててもらえる、というのは真理だと思います。自分から与えた小さな波は、めぐりめぐって、やがて大きな波となって、自分に還ってくるんですね。

「一粒万倍」という言葉があります。小さな一粒の種も育てていけば花が咲き、実がなり、やがて万倍になるという意味です。自然界はこのような絶妙な仕組みで成り立っています。まさにみんなが「与えて」いるのですね。結局のところ私たち人間社会も、少しでもそれを見習っていくとよいのだと思います。

クラッシュはすでに起こり始めている

中矢　ただひとつ大きな問題なのは、いまの日本人の大半は常識にすっかり支配されてしまっていて、どうしようもなく追い詰められでもしないと意識を変えられないということですね。

たとえば、東日本大震災は、言葉では言い表せないくらい悲惨で不幸な出来事だったわけですが、そんな大変な状況の中、被災者の皆さんが見せてくださった日本人魂は、全国、全世界の人々に感動と賞賛をもたらしました。

どんなに苦しくても、自分より他者を気遣い、助け合い、励まし合い、支え合う、不撓不屈《ふとうふくつ》の精神。

被災された方々が何を感じ、実際どう行動したのかということは、日本人の中に眠っていると言われる高い精神性が、私たちの中にも息づいているのではないかという希望を抱かせてくれました。

経済危機を回避するために経済というか、お金に対する意識を変えるにしても、少人数の気づきではどうにもならないですし、そういう意味では国債の暴落や預金封鎖といった大きなインパクトがどうしても必要になってしまうかもしれません。

船井　いまの日本人がそのインパクトに耐えられるかどうかですよね。

ここ数年教えをいただいていて『智徳主義【まろＵＰ！】で《日本経済の底上げ》は可能』（ヒカルランド）という鼎談本を小川雅弘さんと私と一緒に書いてくださった竹田和平さんという方がいらっしゃるんですね。残念ながら7月に亡くなられてしまったのですが、日本のウォーレン・バフェットとも呼ばれた日本一の個人投資家でした。

少年時代、それなりに豊かなご家庭だったのが戦争で何もかもがなくなって、本当に辛い生活を強いられたそうです。このままではあの時に逆戻りしてしまうかもしれない、でもいまの人たちにはあんな生活は絶対に耐えられないからと、しっかり稼いで喜んで税金を納めることで国を支えようということを訴えていらっしゃいました。

中矢　個人というか「私」ではなくて「公」を大切にする発想は、すばらしいですね。

現代社会では、国家は国民に租税を課し、集めた税金をもとに国家予算を組み、国を運営しますが、日月神示には「奪ってはならない」とあります。これはつまり、徴税はしてはならないということにもなるんですね。

田からも家からも税金取るでないぞ、年貢取り立てるでないぞ。何もかもタダぢゃ。

（光の巻　第3帖）

全部タダにするなんて、日月神示にもとづく国家運営とはいったいどういうものなんだろうかと思いますが、無理に税金として奪わなくても、真に国民のための国家運営をしていれば自然な形で集まってくるのですね。それを国民の側から進んで納税することでスタートさせようというのですから、すごいことだと思いますね。

そして、やっぱりそこには国と個人との間に信頼関係があることが前提になりますね。税金を納めるのはいいけど、見返りがなければ納めることなんかできないとか、疑心暗鬼になってしまうと、実現はとても難しいと思います。感謝の思いを込め、どうかこれをお納めくださいと、無条件に、見返りを求めず、ただ納められればいいですね。

ただ、正直いまの政府がその信頼関係を結ぶのにふさわしいかというと、なかなか難しい気がしますが……。

船井　それでも、安全に商売ができるのは、いろいろ問題はあるにしても日本という国がいまのところ比較的安定しているからで、それを応援していくべきだと和平さんはおっしゃっていて、私もそこには賛同しています。

それから、それとは逆に、第2章でご紹介したザ・チョジェ・リンポチェ師と直接お会いした時に経済危機に関する話題になったのですが、日本は豊かな国だから、どんな暮らしになってもいまのチベットに比べれば全然幸せだし、チベットと比べるのが嫌なら50年前の日本と比べても、絶対そこまで悪くはならない。一体になにをそんなに心配しているの？というすごく楽観的な感じだったんですね。でも私はやっぱり、いまの日本人には耐えられないんじゃないかなと思うんです。

中矢　そうですね。そんなふうに思えればいいのですが、無理でしょうね。たとえば90年代に山一証券が倒産した時、私が主宰する会の会員にも山一証券の方が何人かいらしたんですね。ミーティングなどにも参加されていたのですが、そのうちの一人は精神がおかしくなってしまったんです。
ずっと個人でやってきた私からすると、別の職場を探せばいい、いやむしろ企業戦士とという呪縛から離れた方が自由でいいんじゃないかと思うのですが、どうもそうは考えられないようでした。

船井　大企業にいる人にとっては、看板や役職がアイデンティティだったんですよね。それはちょっと分かるところがあって、特にあの当時、戦後から20年くらい前までは企業が宗教の代わりというか、拠り所になっていたんです。
近現代の社会というのは科学が発展して宗教的な価値観に合理性が見いだせなくなり、しかもお金を中心とした価値観が圧倒的に強くなってしまって、それにつれて人々は自分たちの存在を担保してくれる価値観を失っていってしまったんですね。

そのうえ、国や地域や一族郎党すべてを含めた大家族という共同体、これを社会学では「ゲマインシャフト」というのですが、そのゲマインシャフトの価値観もどんどん希薄化していきました。困った、どうしようということになった時に、日本では、企業がゲマインシャフトの代替を担うことで、日本人的な助け合いの精神などをなんとか保たせてきたんだと思います。

中矢　その企業が倒産してしまったから、もう他に拠り所がないとなって、精神がおかしくなるくらいの衝撃を受けてしまったんですね。

船井　でも、どんどん進んでいくグローバル化の波に巻き込まれる形で、いまではその企業もすっかりアメリカ的な企業統治のシステムが優勢になってしまい、ゲマインシャフトの役割を果たさなくなりつつあります。そしてその結果として、うつ病などで社会に適合できない人や自殺者の数が圧倒的に増えるという本当に危機的な状況が起こってしまっているんです。

中矢　ある意味、すでにクラッシュは起こり始めていると言ってもいいかもしれませんね。

船井　そうかもしれません。だから、さっきの宗教の話のとおりで、拠り所を求めるのを止めて自立しないといけないと思うんです。それぞれがいますぐにできることから始めて、〇に丶を入れていく。もらうのではなくて与えるほうになることを考える。それから、良い意味でのつながりというか、お互いに「与える」ことのできる善循環をベースとした共同体を再構築する。

何らかのかたちで本格的なクラッシュがきた時に、まだ与えられるのを待っているままでいたら、それこそ都会のワンルームマンションで餓死してしまうようなことになりかねないのです。

大難を小難にするのはリアルな実践のみ

中矢　それにしても、いままでの活動の中でじわじわと自然に意識が変わってきているることも感じるのですが、最近それでは時間がかかりすぎて間に合わないような気がするんですよ。

こうなってくるとやはり、大半の人たちはどうしても経済的なクラッシュか、あるいは天変地異か、とにかくまさに日月神示にある「グレンとひっくりかえる」という表現のような、何事か外的な要因による大きな出来事が起きない限りは、なかなか意識の変革というのは難しいのではないかと思うんです。

船井　ちょっとここで、読者の皆さんにお伝えしたいのが、これは中矢先生がいつも厳しいご発言をされていることにもつながるかもしれませんが、最近スピリチュアルなことに関心が強い方の中には、ミロクの世を求めるあまり、ともすれば大難を待ち望むような向きがあるように思うんです。

中矢　ああ、私があえて「スピリチュアルお花畑」と揶揄している人たちのことですか。

船井　「お花畑」ですか（笑）。いま中矢先生がクラッシュやむなしとおっしゃっているのは、ずいぶん前からいまこの瞬間、そしてこれから先も大難を小難に、できれば無難にしようという努力をできるかぎりご自身でもされ、ご著書でもずっと喚起をされてきて、それでも変わらない場合にはクラッシュも致し方なしということだと思うんです。それから、ここが大きいと思うのですが、まさに武士道というか、ご自身にもその大難が降りかかるお覚悟をちゃんと持っていらっしゃるように感じるのです。

中矢　それは当然ですよね。だって、クラッシュがきたら逃げようがないですから。

船井　ところが、そういう方の中には自分は精神性が高いから天変地異や経済的クラッシュがきても守られるから大丈夫といった感覚の方が少なからずいらっしゃるようなんですね。そういう趣旨の情報もすごく多いのですが、それこそスピリチュアルの落とし穴なんじゃないかと思うんです。

中矢　私がダメだと言っているのはそこなんです。結局は自分のことだけになってしまっている。自分が救われさえすればそれでいいと。

船井　そういう情報に惹かれるのは、私自身も含めて誰にでもある弱さだとは思うのですが、せっかく常識に囚われることなく精神世界を学んでいるのだから、やっぱりそこをちゃんと見つめて身魂磨きに立ち帰ることを意識していただければと思います。

そしてそのうえで、たとえば経済破綻にしても、何とかそれを避ける方法を考えるほうが私はベターだと思っています。いつの時代も何か大きな事件が起こると一番大変な目に遭うのは社会的弱者です。そんなことが繰り返されないための変化変革なのだから、どんな時もあくまでも大難を小難に、できることなら無難にということを目標に道を探って、それこそ見返りを求めることなく発信を続けていきたいと思っています。

中矢

まったくそのとおりだと思います。

とにかく、勝仁さんのおっしゃるスピリチュアルな情報もそうですが、いまの世の中は違和感にあふれていて、どなたにもそれは感じられるはずなんです。その違和感をそのままにしないで、きちんと勉強して実践することですよね。これは『日月神示 覚醒と実践』（徳間書店）に書かせていただいたことなのですが、最低限以下の3つの習慣を身につけていただければと思います。

①一つの思想に依らずできるだけ多くの情報をインプットする
②そこから本当に大切だと感じる情報をピックアップする
③どんな状態であっても自分を律し、本質からブレないようにする

船井　とにかく実践ですよね。

中矢　実践といっても、私にしてもそんなに大したことができるわけではないんです。でも、たとえば日月神示とご縁があってすばらしいと思って読んだのであれば、じゃあそれをどうやって日常に活かしていきますかということです。それができないと頭の中だけで分かっても覚醒したとは言えないんです。

　どこか別世界の話ではなくて、自分のこととして捉えて、自分の世界と日月神示の世界がかい離していると感じたら、どうやってそこに近づけばいいのかということをもっと本気で考える。逆に言うとそれを考えないといけな

いから日月神示に出会ったとも言えるわけです。それをしないと間に合わないですよと言いたいんですよね。

船井　オープンワールドや船井フォーラムを開催させていただいていて感じるのは、あの場はバーチャルなんですね。感覚としては本で感じるよりもリアルではあるんですが、それでもバーチャルなんです。

その場は完全に「ミロクの世みたいなもの」を体験することはできるのですが、一歩会場の外に出たら普通に戻ってしまうんです。翌日会社に行けば、家庭に戻ればもとの環境のままなんですね。

それをバーチャルで終わらせずに少しでも生活を変えていくことが、すなわち意識が変わっていくということだと思います。特に『玉響』や『ザ・フナイ』を読んでくださったり、この本を読んでくださるような皆さんには、とにかく一歩でいいし、できることからでいいので本気になっていただければと思います。

中矢　いろんなことができると思いますが、クラッシュのあるなしにかかわらず、とにかく食料の問題は生きる基本ですから、しっかりと考え、行動していただきたいです。

船井　中矢先生は「ひふみ農園」などの取り組みをされていますよね。私も「命仁」というお米作りには関わらせていただいているんですが、ちゃんとそういう活動に参加していくことは絶対にしておいたほうがいいと思います。想いを同じくする農家さんと直接つながっておく。

全員がお百姓さんになれということではなくて、いまは直接農家から購入することで自分たちの心身を整えつつ支援する側で十分で、もし何事かあった時にはそこへ行って一緒に新しい共同体をつくっていけばいいくらいの感覚がいいんじゃないかと思いますね。

中矢　通貨は食べられませんからね。本当の意味で価値があるのはきれいな水、空気、食べ物なんです。食べ物は土から生まれるので「お土《つち》」が大切ということになるのですが、日月神示にはこのように出てきます。

一度はいやでも応でも裸足でお土踏まなならんことになるのぞ、神の深い仕組ざから、有り難い仕組ざから、喜んでお土拝《おろが》めよ、土にまつろえと申してあろうがな。何事も一時に出て来るぞ、お土ほど結構なものないぞ

（天つ巻　第29帖）

一度は誰もが、お土の有り難さを思い知らされる時が来るのかもしれませんが、誰でもできる自然農法ということで普及につとめてきた「ひふみ農法」のノウハウも完成域に達したようで、初心者もほぼ失敗なく無農薬野菜がつくれるようになりました。加えてエネルギー、要するに電力のことですが、既存の電力会社に頼らなくてもいい、分散型の電力システムがやがて生

まれてくるのではないかと期待しながら情報収集しお伝えしています。

日月神示的に言うと、エネルギー・水・食べ物は、火・水・土、あるいは日・月・地にそれぞれ対応しています。これら三位一体をそろえることが、私の活動の使命のひとつとも思っています。

ご縁のできた皆さんには、ぜひしっかり勉強して、できることからいますぐに実践をスタートさせていただきたいものです。

命がけの舵取り

中矢　正直言うと、お金の面とか経済の面で立て直しが起こるのが一番いいなと思うんですよ。戦争とか大天変地異だとかでやるよりも、それなら食料やエネルギーの確保さえできれば乗り切れると思うんですが……。

船井　ただリーマンショック級のクラッシュがくると、多分戦争しか解がなくなってしまうような気がするんです。そういうふうに持っていきたい勢力に言わされている気がしなくもないのですが、経済の様子を見ているとどうも政治の季節になってきていて、戦争を起こそうとしている気がして仕方がありません。そして、もし戦争をやるなら、中東ではなくて極東の方がアメリカとしては得なんですよね。中国と日本を一緒に叩けたら、こんなにいいことはないという感じです。

中矢　社会サイクルからいうと、次は戦争だと見られていますから、日本とは限りませんが戦争が起きる可能性は大いにあるんじゃないでしょうか。

船井　でも、戦争を起こしてしまうのだけはどうしても避けたいですよね。
父は全然逆の意見でしたが、実は安倍総理はすごくがんばってくださっているような気がするんです。比較的アメリカや中国とかともうまく対応していて、やられっぱなしにならずに非常に難しい舵取りをこなしていらっしゃる。明らかにいままでの人と違いますよね。

中矢　たとえば、昨年の話になりますが8月14日に安倍総理が発表した談話は、「侵略」「植民地支配」「反省」「お詫び」などの文言も入っていましたが、過去の贖罪ばかりではない未来志向型で、日本国民だけではなくアジア諸国、ひいては世界全体に対して希望と信頼感を持たせるものだったと思います。
　特に「私たちの子や孫、そしてその先の世代の子供たちに、謝罪を続ける宿命を背負わせてはなりません」としたところは秀逸でしたね。おそらく総理はこの談話をもって中韓に頭を下げるばかりの謝罪外交に一つのけじめをつける意志を表したのだと思います。

船井　今年に入ってからも5月のG7首脳会議（伊勢志摩サミット）や、オバマ大統領の広島訪問もすばらしいことでしたし、その後消費税を伸ばしたのも私は賢明な判断だったと思います。

中矢　サミットは本当に良かったと思います。日本の精神のふるさとであり、皇室の宗廟たる伊勢神宮のすぐ近くで主要7ヵ国の首脳が一堂に会することは、極めて意義のあることだったと思います。

船井　政教分離の観点から、宗教色の強い「参拝」ではなく「訪問」の形式を取るかたちと伝えられましたが、御垣内ではきちんと二礼二拍手一礼されたそうですよ。

中矢　そうですか。各国の首脳たちそれぞれが、自然との融和とか、美しさ、清らかさ、静謐《せいひつ》さ、荘厳さなど、自分なりに何かを感じ取ってくださっていればいいですね。

船井　安倍総理は反米なんでしょうか。

中矢　私が得た「裏」からの情報によると、本当の顔は反米だそうです。でも、あからさまにアメリカとケンカすると大変なことになってしまうので、良い顔をしつつ徐々に距離を置き始めていると聞いています。

理想的には、アジアの連帯の方へ進めばいいと思います。アジアがひとつになれば、さっきの戦争の話もなくなってしまいますから。でも、アメリカのご機嫌取りがまだ必要なのかもしれませんね。とにかく実際のところ、安倍さんは政権内でもかなり孤立しているということでした。

船井　反米ということは命がけですよね。

中矢　本当に命がけだと思います、飼犬が主人の手を噛むようなものですからね。安倍さんは財務省とケンカしているそうなのですが、日本の省庁の中では財務省がイコールアメリカで本丸なんです。日本の政治は省庁・官僚も含めて本当にアメリカの属国なんですよね。彼らは口では国益、国益と言いますが、本当に日本の国益を考えている人は誰もいなくて、みんな自分たちの省益のみを考えているんだそうです。いかに自分たちの権限を拡大させ、より多く予算を取るかだけに興味がある。それほどひどい有様なんですよ。

でも、その中でもなんとかしなくてはという人たちが出てきていて、その人たちが安倍さんについているのかなと思います。確実に言えるのは、安倍総理がずっと総理をやり続けられているということは、やっぱりアメリカの力は弱まってきているんだろうということですね。

船井　いろんな意見はあると思うのですが、安定した政権が続かなければ経済活動はおろか、生活自体も成り立ちません。安倍総理が命がけで舵取りしてくださっている間に、私たちもしっかり胆力をつけて実践を積み重ねていかないといけませんね。

資本主義を超える

船井　そういう実践をしながら、大きな流れとしてはやっぱり資本主義を超える仕組みを考えていかないといけないと思うんですね。

ちょっとだけ感じているのは、封建主義というのは本当にごくわずかの人たちだけを幸せにできる仕組みだったと思うんですね。ヨーロッパの昔の小説を読んでいると、まともな暮らしをしようと思ったら庶民の30倍くらい稼がないととてもできなかったようです。

そして、いまの資本主義は世界の人口の15％の人を幸せにできる仕組みなんだそうです。日本のような先進国に生まれたら、ほぼその15％に入っていたんですが、発展途上国の人たちも経済成長して豊かになってきたので、日本人の中にも幸せになれない、15％に入れない人が出てきて、それで格差が広がっているように見えるというわけです。

でも、資本主義社会が拡大していっても、俺たちはこれ以上に幸せにはなれないんだって言う人がどんどん増えてしまっているので、もうシステムとして持たないところまできていると思うんです。だから、そろそろ新しい仕組みを、しかもそれは日本主導で考え出さないといけないんじゃないのかなと思っているんです。

中矢　システムとしての資本主義というのはよく分からないのですが、日本は一応は資本主義を採用はしていますが、勝仁さんが「弱いものに対しても温かい政策を採ってきた」とおっしゃっていたように、ちょっと社会主義に近い資本主義を採用しているんですよね。だから格差が大きい大きいと言われているけれども、それでも外国ほど悲惨な状況にはなっていないんだと思います。そういう意味でも、日本的な資本主義というのはひとつのモデルとなりうるのかもしれません。

船井　国際的にも、実は日本が最先端なんじゃないかっていう感覚が、コンセンサスとまではいかないのですが、できつつあるようです。日本病と言われているんですがね。バブルが崩壊してからの20年間、日本は本当に馬鹿だなと、なんでこんなに経済発展から取り残されるようなことばかりやっているんだろうと見られていたのです。でも、リーマンショックが起こった時に、日本は俺たちの先を行っているのかもしれない、これから俺たちも日本病にかかっていくんだ。特に、金融関連の人たちがそんな見方をし始めていま す。そう考えると、ここで日本が処方箋をつくって上手くいけば、世界が追随してくるかもしれません。そう言う面でも、日本が型をつくっていかなければならないと思います。

中矢　サイクル理論からいっても、文明周期説からいっても、それに実際の動きを注視していても、どういう形であれ日本中心の時代になっていかざるをえないと思うんですね。

ただし、今度はかつてアメリカが覇権を握ったとか、イギリスが世界の覇権を握ったとか、そんな形ではないと思うんです。日本が覇権を握るというのは性格的に合わない。どっちかというと調整型になってみんなが真似していくような、そういう形での中心じゃないかなとイメージしています。

船井　そうですね。ヘゲモニーを握るという、そういうのは日本的ではないですから。日本的というのは、やっぱり和の心ですから、ヘゲモニーとか覇権とかとは相いれないんです。力で支配するのではなくて、日本はモデル的に見られていくというのがいいと思います。

新しい方法論を日本がつくっていって、それを中国とかアメリカとかが、「あ、それいいね」ということでやっていく、そういう影響力を持つという感じですね。

中矢　日本がこれからひな型となって世界に向けて貢献できることは、数限りなくあると思うんですよ。日本のテクノロジーにはすごいものがあって、世界の環境問題だとか、飢餓の問題だとか、様々な問題を解決できるものが全部日本にはあると思うんです。

それを、まだ完全には実現していないけれど、ほぼ実現しているのが日本の社会だとなれば、やはり日本的なモデルというものが世界に輸出される時代が遠くなく来ると思うんですね。そういう形で日本が中心になると思うんです。日本が偉ぶるのでなく、奪うのでもなくて、求められてしまうので、はいどうぞと与えるわけです。

そうすれば、放っておいても日本の人たちの暮らしっていいよねと周りが真似するというようなことになると思うんですよね。

船井　その第一歩として、まず自分の生活の中で善循環を起こして、「与える経済」を実現させることですね。

中矢　資本主義社会の真っただ中にいれば、「そんなやり方では絶対にうまくいくわけがない」と誰もが思うでしょう。でも、よく考えてみれば、大昔の私たちのご先祖様は、そうやっていたはずなんです。縄文時代など、まさにそういう共同体社会であったと思います。

お互いが喜び合う善循環は「ミロクの世」の基本であり、神様は、「やってみなされ」と告げています。意識を切り替えて本気で実現しようと思えば、すぐにでもできることはたくさんありますから、ぜひご一緒に始めていきましょう。

第4章

日月神示的な生き方で
ミロクの世を創る

「裏」の情報を受け取るには覚悟が必要

第４章　日月神示的な生き方でミロクの世を創る

船井　さて、経済の話の最後に「裏」からの情報というのが出てきました。やはりそういった情報が中矢先生のところには多く入ってくるのでしょうか。

中矢　日月神示というのは、神道でも異端大本からの流れで、言ってみれば「裏」なんです。「表」は神社神道ですね。

私は日月神示を扱っているので「裏」の人間ということになります。望んでというわけではないのですが、日月神示を突き詰めていくうちに「裏」を「表」に出す役割を担うことになったんですね。そして、そうやって「裏」の人間として活動していると、どうしても「裏」の人たちとの付き合いが発生するんです。その付き合いの中で入ってくる「裏」の情報は、いわゆる世間一般、本やインターネットなどで言われていることとはまるっきり違います。

船井　「裏」というと「闇の勢力」という感じで、ロックフェラー一族やロスチャイルド一族を想像する方も多いと思うのですが、何年か前に知り合いの紹介でシャーロット・ロスチャイルドさんのコンサートに伺ったことがあるのですが、特に問題もなく参加できたので驚きました。

中矢　私も、シャーロットさんのご父君にあたるエドムンド・ド・ロスチャイルド（Edmund de Rothschild）氏に手紙を書いたところ、とても丁寧なご返信をいただいて驚いたことがあります。

彼らが戦前から戦後の世界経済において在る程度の影響力を持ってきたのはたしかですが、結局のところ普通に表舞台で活躍する財閥ファミリーなんですね。

他にもフリーメーソンやイルミナティ、３００人委員会、ビルダーバーグ・ソサエティなど様々な集団名がまことしやかにささやかれていますよね。もちろんそれぞれに存在はしていますが、その構成メンバーというのは大半がつながっていて、複数のグループで重複しているようです。

船井　以前読んだ『フリーメーソンの失われた鍵』（マンリー・P・ホール著 人文書院）によると、フリーメーソンの本当の目的は神の神殿を築くことだとあったんですね。びっくりして読み進めていくと、中矢先生や父の言っていることとあまり変わらない内容で衝撃を受けました。

さらに色々調べるうちに、時代や背景が違っているせいで一見すると陰謀論に見えるんだけれど、もしかすると実現しようとしている世界は私たちが目指しているミロクの世に近いものなんじゃないかと思うようになったのです。

中矢　大半の目的は経済的な繁栄ですし、悪魔に魂を売ったような組織も存在するようですが、たしかに勝仁さんのおっしゃるような側面もあるので、そのように物事を決めつけないで柔軟に見ていくことはとても重要だと思います。

以前の対談の時もお話ししましたが、ある〝闇の組織〟に属する方が『ザ・フナイ』を読まれているそうで、ある時「中矢という人がこんなことを書いてますけど、大丈夫なんですか？」と「上」の人に持ってきたことがあるんだそうです。それで結局、この内容ならいいけれど、これ以上は書かないでくれと念を押されたということがありました。それだけ『ザ・フナイ』は際どいというか真実に近いことが書いてあるんでしょうね。

船井　『ザ・フナイ』をそんな〝闇の組織〟の方が読んでくださっているというのもすごいと思いますが、そういう方と知り合いだという中矢先生もすごいなと思います。

『玉響』にしても『ザ・フナイ』にしても、どの先生も命がけで書いてくださっているということを感じます。

中矢

そうですね。一般的にはまったく知られていない第一次情報を公に発信するというのは、本当に命がけの行為ですよね。中には放射能の情報などで明らかに違うことを述べている方もありますが、マクロに見れば船井幸雄先生はじめ多くの方の命がけのご尽力のおかげで、ずいぶん様々な情報が多くの方に広がってきていると思います。

そんな中で私も最初のうちは日月神示をもとに色々調べて書くという感じだったのが、日月神示が本質的な内容だからなのだと思いますが、人のつながりも濃く深くなって、より本質的な情報が入ってくるようになりました。それにつれて自分が第一発信者になるというようなことが多くなってきたのですが、さっきも言ったとおり「裏」の情報ですから、取り扱いを間違えると危ないということもあるんですね。

ここまでのお話で繰り返し、覚悟をもって実践しないと覚醒したとは言えないということを言ってきたのですが、私自身もここ数年の間に、これまでのように傍観者的に、研究者的に書くのではなくてプレイヤーになってきているのですね。

船井 本質的な情報というのは、たとえば『日月神示 覚醒と実践』の中に出てくる「奥の院」のことなどでしょうか。

中矢 そうです。ただ、正直言って「裏」の情報は、本書も含め誰でもが読める媒体には、入り口程度のことしか書けません。もちろん、入り口がないと入って来られませんから、書ける範囲での発信は続けていくつもりですが、入り口から歩みを進めていただくためには、私の方で発行している会員制機関誌『玉響』などを読んでいただくなり、何らかの形でコミットしてもらうことが必要となります。不特定多数の人が集まる一般向けの講演も減らしていっているので、さらに実践者となり詳細な情報を知りたいという方には、クローズドの会に入っていただいて、名前や住所など、素性が明らかな方のみを対象にお話しする、ということにせざるをえなくなりました。

情報は誰にでも開示するべきではないかというご意見を聞くことがありますが、これは勝仁さんが主宰されている船井メールクラブなどにも同じ側面があると思うのですが、命がけで得た真実の情報を命がけで話した時に「おもしろかったね」で終わっていいのかということです。

本来、得るほうもその情報を命がけで受け取って、命がけで活かしていくくらいの覚悟を持っていかないといけないと思います。

船井　命がけで受け取らなくてはならないし、逆にそれくらいの覚悟がないと受け取れないくらい本質的な情報が、いままさに中矢先生に集まってきているということですね。

中矢　実は2016年3月下旬以降、これは「奥の院」とは違うルートなのですが、どういうわけかまったく情報が入らなくなってしまったんです。いったいどうしたんだろうと思っていたら、どうも、この裏の情報に触れた有料メールマガジン「飛耳長目」の内容が、規程に反して無断で外部に回覧されていたようなのです。

船井　この情報というのは、「世界金融システムの大変革が水面下で進行中」ということで中矢先生が伝えてくださっていたものですよね。
インターネットの世界ではよく起こる問題ですが、よりによって中矢先生の情報を得ているのに約束を守るという当たり前のことができないというのは、何のために情報を得ているのか分からないし、情けないことですね。

中矢　非常に残念であり許されないことですが、こんなことが起こってくるということは、やはりまず人としての身魂磨きをきちんと進めている皆さんに、お互いの顔が見える状態でしか詳細な情報はお伝えできないということだと思います。

　とはいえ、有料メルマガでお知らせした内容は、固有名詞など具体的なことはもちろん避けていましたし、これくらいなら大丈夫だろうと思っていた部分のみの情報でしたが、それにもかかわらず情報が入らなくなったということは、いまがそれだけ非常に重要な時期に差しかかっているということだと思います。先方にお詫びして、事が成就するまでは一切この情報には触れないことを約束しましたので、以来、許可が下りるまではこの関連の話には触れないことにしています。

　そのようなわけで、「世界金融システムの大変革」については残念ながらもうお伝えすることはできないのですが、たしかなことは本当に成就するのかどうかは今年が勝負だということです。もし成就した場合、それは根本からの改革ですから、一時的にはカオス状態になってしまうことが予想されます。長期的には良い変化だとしても、何が起きるか分からず不安な側面もあります。

船井　これまでお話ししてきた常識的な流れとはまた違った大変革ですが、カオスになるかもしれないわけですから、必要な備えもしながら大難が小難になるようにできることをやっていくしかないですね。

中矢　そうですね。本来「裏」は「裏」なのですから、これまで絶対に表に出ることはなかったわけで、それが少しでも表に現れてきているということは驚くべき事態なのです。それだけ、いま進行中のことは近代史以来というか、人類史が始まって以来、かつてなかったことであり、「裏」の人たちですら何もかもが初めてという中で動いているといいます。

そういう緊張感の中にあるのですから、情報に気を遣うのも当然だとは思うのですが、それにしても、なぜ私にはこのように情報を伝えることに厳しい規制がかかるのか不思議です。他の作家さんなどは、ブログやメルマガなどでバンバン情報発信したり、本まで書いても平気なのに、私はたいていNGなんです。

船井　やっぱり、それが本物の情報だからだと思います。それに読者の方も他の方の発信なら話半分だと思って受け取る場合が多いと思うのですが、中矢先生が発信されるとなると影響力が違いますから……。

中矢　そうだとしても、こうなってくると正直メルマガを続ける必要があるのか、本を出す必要があるのかと思ってしまうこともあります。ただ、意識面で共鳴してくれる方が一人でも増えればそれだけ良い波動が生まれるのではないかと思う部分もありますし、少しでも「ミロクの世」実現に向けての実践につながればよいという思いもあるので、できるところまでは続けたいと思っています。

船井　先ほど中矢先生がおっしゃっていたとおり、いまの世の中に違和感を持ち始めている人は本当にたくさんいると思うんですね。その人たちのためにも入り口は絶対に必要だと思いますので、どうぞよろしくお願いします。

「奥の院」が目指しているのは霊的な進化

中矢　表向きには知られていない裏に隠されている真実の話を聞くと、日月神示ではないですが、「これは何としたことか」とビックリ仰天します。「奥の院」の話なども、まさにそのとおりです。こちらについても書けないことが多いのですが、まず驚くのは「世界は対立などしていない」ということです。でも、表の世界では国同士が対立したりしていますよね。つまり、世界は二重構造をしているということです。

国同士は対立しているように見えますが、もしかするとそれも演出かもしれません。皆さんが「闇の勢力」と思っているような集団は実は裏の世界ではみんな繋がっていて、その上層部に相当する絶対に表舞台には出ない組織がある、それが「奥の院」なんですね。

舩井　「奥の院」については、『日月神示　覚醒と実践』の一節を引用させていただくのがよいと思います。

> 通常のメディアではほとんど知られていませんが（調べようがないというのが本音でしょう）、絶対に表舞台には出ない「奥の院」と呼ぶべき存在は本当にあります。その具体的な固有名詞は明かせませんし、〝組織〟と呼ぶのも的を射《い》ないのですが、「奥の院」という呼び方をここでは取ろうと思います。

日本の天皇家も「奥の院」と同族であることを「奥の院」自ら認めています。この「奥の院」こそ、先に挙げたさまざまな結社・集団の上に立つ指導部であるということは、私自身のこれまでの経験や、実際に会って見聞したこと、そして私が信頼を置く、闇の世界に詳しい複数の人物に確認した限りにおいて、疑いようもない事実であるようです。

過去四〇〇年間、スペインによる大航海時代のあたりから西洋による世界の植民地化が始まり、ヨーロッパ勢力、次に新興勢力の米国が海を通じて世界を支配する時代となりました。欧米の白人たちが支配する世界ではさまざまな社会システムが築かれ、欧米型の仕組みによる欧米型の常識で現在まで来たわけですが、近年になってそれがうまくいかなくなって来ました。西洋人が構築したスタンダード（標準）が行き詰っているのです。

金融の世界でもうまくいかないし、戦争・紛争を各地で意図的に起こして軍産複合体を中心に自国経済に寄与しようとしても、うまく回らなくなりました。そういうやり方ではダメだと国際世論も強く批判を始めています。

そこで「奥の院」は流れを変えることを決意、具体的に動き始めたようです。

もしかするとそれが、日月神示でいうところの「一厘《いちりん》の仕組み」かもしれません。

オセロゲームでは、ほとんど黒一色染まっていても、盤の四隅を取れると、ちょっとしたきっかけで一気に白へと引っくり返りますが、そういう「仕組み」が用意されているような気がします。

闇の勢力と呼ばれる人々は「奥の院」そのものではなく、その下で活動する組織ですが、彼らは彼らなりに、地球の人口を調節してでも管理するのが自分たちの崇高《すうこう》な役割であると思っているふしがあります。それはそれで実に身勝手な考え方とも言えるでしょう。しかしもし、彼らの存在がなかったとしたらどうでしょうか。人類社会は飽くなき欲望に抑えがきかず、弱肉強食の無秩序な修羅場へと化し、さらに滅亡の淵《ふち》へと自らを追いやってしまうのかもしれません。つまり人類はまだそこまで霊的に進化していないのです。

「奥の院」の最終目標は霊的な進化であり、人類全体の意識の底上げではないかと私は理解しています。「闇の勢力」と一括《ひとくく》り言えば悪のように聞こえますが、その奥へ行けば行くほど、霊的な思考を持つ人たち（そうした話が通じる人たち）と相対するようになっていくのですから、まさしく「事実は小説より奇なり」です。

神示の一節に、「悪と思うことに善あり、善と思うことも悪多い」というのもそのことを暗示しているのかもしれません。

船井　「奥の院」が目指すのが、霊的な進化だというのには驚きますね。
日月神示には、闇の勢力のような存在を指して「イシヤ」という表現が出てきて、それはフリーメーソンではないか、いやイルミナティではないかというような話によくなりますが、そこはいかがでしょうか。

中矢　おそらくそのような勢力を指しているのだとは思いますが、様々な情報が錯綜していますから、イシヤが具体的に何を指しているのかを一つに特定するのは難しいと思います。日月神示にあるわけですから、考えようによっては自分の内側に潜む、悪としての一面を指しているとも言えるかもしれません。
「奥の院」は古代中国を発祥の起源とする一族であり、私たちと同じアジア人なのですが、そんなイシヤも超える最上部に位置する超財閥の方々です。ただし、「奥の院」はイシヤに対して命令や指示をするということはせず、いわば「君臨すれども統治せず」の存在なのです。

資本主義を修正し富を再分配する

船井　『日月神示 覚醒と実践』の要諦として書かれていた「天皇の金塊」にまつわる情報はある程度真実であるということ、そして「日本経済が崩壊する前にそれを阻止するための原動力として動かす巨額資金」が存在するという情報にも驚きました。その資金に通じているのも「奥の院」なのですよね。

中矢　そうです。秘密資金の額は、「兆」の上の「京《けい》」という単位にも上るという情報もあります。それを日本に投入しようという動きがあるというんですね。

船井　私のところにもそういう情報が入ってくることはよくありますが、もちろん詐欺だったと思いますし、ずっと経済を専門としている身としては、にわかには信じられない情報だというのが正直なところですね。

中矢　勝仁さんのおっしゃるとおりで、普通に考えればこんな荒唐無稽な話はないと思いますし、そういった情報のほとんどが詐欺であることも事実です。それに、私も実際に見たりしたわけではないので１００％信じ切っているわけではないのですが、20年ほど調べたり、直接関わってきた経緯から判断するとやはり真実に近いと言わざるをえないのです。

船井　だとすると、そういう秘密資金があることがある程度分かっているから、中央銀行はどんどんお金を刷っているのかもしれませんね。

そうなってくると、ここまで散々心配してきた経済的なクラッシュもまったく心配なくなってしまうということでしょうか。

中矢　そうなりますね。とにかくハードランディングを回避して、日本経済をソフトランディングさせるために、どういうかたちかは分かりませんが日本政府の裏のほうから投入されるそうです。もちろん一般の人には分からないようなかたちでしょうね。

ただ、時にはその一端をニュースなどで垣間見ることができることもあります。2015年9月25日、米国を訪れていたローマ教皇・フランシスコは国連総会で歴史的なスピーチを行ったのですが、その演説の中に「2030年アジェンダ」という言葉が出てきます。西暦2030年を目標に、このような地球社会を実現していこうとするアジェンダ、すなわち行動計画で、その第一目標が「あらゆる場所のあらゆる形態の貧困を終わらせる」というものなんです。

こうした目標を実現していくためには莫大な資金が必要になりますが、その原資は何なのか、どこから捻出するつもりなのかというと、そこで日本が重要な役割を担うことになるようなのです。

余談になりますが、ローマ法王はこの歴史的な演説に乗せて全人類に向けてのメッセージを送ったのですが、そこにはいくつかの暗号が含まれていたそうです。ごく一部の関係者にしか分からない暗号をスピーチに入れるという手法をとらざるを得ないのは、これに抵抗する勢力が存在することを示していて、「裏」の存在もけっして一枚岩ではないことが分かります。

船井

正直、あまり期待して身魂磨きしなくなってもいけないとは思うのですが、私たち一般人にはどうしようもないところではあるので、そうなってくれると嬉しいなというのはありますね。

明治が始まって封建主義から資本主義になった時というのは、その意味とか本質を理解している人は中心のごくわずかしかいなくて、庶民は昨日までちょんまげを結っていたのがいつの間にか文明開化になっただけの話だったと思うんですね。西欧の歴史のように苦しんで勝ち取るとかいうのではなくて、そんな感覚で資本主義から次の仕組みにいつの間にか移行していくというのが、実はいちばんいいと私は思っているんです。

中矢 それに近いかたちで進んでいくのかもしれませんね。そして結局、「奥の院」ルートの情報が正しいのであれば、現在の資本主義はこのまま続くことになります。もちろん、資本主義が善というわけではなく、弱肉強食型の競争原理社会を招来し、金儲け優先、モラルの低下、人心の荒廃、格差社会、環境破壊など、副産物は数知れません。しかし、資本主義以外にいいシステムがいまのところないわけだから、これからも資本主義を修正していくしかないというふうに聞いています。それとは別に、世界の金融システムをそっくり丸ごと変えてしまおうという勢力もあるわけです。

「奥の院」からすると、いまはロックフェラーとロスチャイルドという二大財閥や、フリーメーソン、イルミナティといった人たちに管理を任せているので、この人たちの顔を潰すのは駄目だということです。だから、時期を見て徐々に奥に隠れていた人たちが出始めて世の中の動きを修正しようと、そういう動きがどうも今年から始まっているみたいなんです。
具体的にはいままであまりにも富や権力が一極集中しすぎだったので、それをもう少し再分配していく方向に持っていくのではないかと思います。

船井　ここ数年で日本でも一躍有名になった感のあるフランスの経済学者、トマ・ピケティが説いているのも「富の再分配」ですよね。資本主義のもとでは必然的に豊かな人とそうでない人との格差が拡大するので、富裕層の資産に対する課税を増やして富の再分配を行うべきだというものですが、まさに資本主義を修正していくという感じです。

中矢　以前玉響での長典男さんとの対談で「秦氏の経済活動は〝利益の分配〟に向かう」ということをお話ししたのですが、「秦氏」という言葉に象徴されるのもやはり「奥の院」なんですね。ピケティがここまで急激に広がったところを見ると、もしかすると、富の再分配のための理論づけと、世論を喚起させ、そういう方向に資本主義の流れを誘導していこうということで、ピケティを仕掛けているということなのかもしれません。

船井　最近話題になっているビットコインやリップルなどの仮想通貨、それからモバイル決済をはじめとしたFinTech（フィンテック）などは関係あるのでしょうか。

中矢　「奥の院」のトップは、世の中が行くところまで行ったら「お金なんてなくせばいい」と言っていると聞いています。私には物々交換くらいしか思い浮かびませんが、きっと仮想通貨などはそういう流れのひとつなんじゃないでしょうか。日月神示にはこのように出てきます。

　神から分けて下さるのざぞ、その人の働きによって、それぞれに恵みのしるし下さるのざぞ、それがお宝ぞ、お宝、徳相当に集まるのざぞ、金は要らんと申してあろがな、元の世になるまでにそうしたことになって、それからマコトの神の世になるのぞ。神の世はマツリあるだけぞ、それまでにお宝下さるのざぞ、お宝とは今のお札《さつ》のようなものざぞ。わかるように申すなら、神の御社と臣民のお役所と市場と合わしたようなものが、一時は出来るのざぞ、嬉し嬉しとなるのざぞ、真《まこと》のマツリの一《はじめ》ざぞ

（磐戸の巻　第13帖）

「元の世」とは「ミロクの世」を指しているようですが、「元の世になるまでにそうしたことになって……」と言うからには、これは「ミロクの世」の前段階として現出する世のあり方を示したものでしょう。この段階では、その人の「徳」に応じて「お宝」と呼ばれる「恵みのしるし」を下さる、とあります。「お宝」は、その人の働きや貢献度によって与えられるとみれば、一種の報酬のようなものでしょうか。いまの世でいうお札《さつ》のようなものとも

あるので、通貨としての役割もあるのかもしれません。
また、神社、役所、市場が合わさったようなものが、一時的にできるとあります。いきなり変わるものではなく、「次の世」の政治経済の一つのカタとして出していく中で、段階を経て「ミロク」の世に至るということでしょう。さらに進んで「マコトの神の世」になれば、もう「お宝」などの準貨幣のようなものもいらなくなるとあります。

船井　もしかすると、その準貨幣のようなものなのかもしれません。やっぱり新しい流れなので注視していきたいですね。
ちなみに、再分配に関しては、日本ではもうすでにやっているんですね。ある過疎の町の町長や町の皆様と仲良くさせていただいているんですが、町長にお聞きすると自主財源比率は7％程度、つまり町の税収は7％で、それ以外は国と県から予算を回してもらって町を運営しているというんです。さらに言うと、産業というのはすべて公のお金に依存しているので、極端に言うと東京が93％補填しているからこの町は成り立っている。これが日本の現実なんですよね。ところが、それを東京の人は嫌だと思っていない、これはすごいことだと思います。

中矢　そのあたりに、資本主義をどう修正していくのかという道筋が少し見える気がしますね。

お金に丶を入れて「与える経済」に戻す

舩井　ちょっとしつこくなりますが、莫大な資金の投入や資本主義を修正するというところから思い浮かぶことをちょっとお話していいでしょうか。

中矢　もちろん、どうぞ。

船井　ありがとうございます。突き詰めていくとお金というのはエネルギーだと思うんですが、いまのお金というかマネーの仕組みというのは〝というエネルギーが抜けているのではないでしょうか。そして、その〝の代わりに、これは副島隆彦先生から教えてもらったのですが、「合理」、つまり「利益を追求する」というエネルギーを入れてマネーを創造したのだろうと思います。たとえばアダム・ヴァイスハウプトあたりがその仕組みを考えたと思うのですが、そうすることで爆発的にお金の量が増やせたんだと思うんですね。それによって世界は飛躍的に豊かになったので、悪い側面ばかりだったわけではないでしょう。

でも、合理の一番困ったところは、恐怖をもたらすことです。合理を極めていくと競争になって奪い合いになって、隣の人を信用しなくなって……、要するに「奪う経済」になっていく。それが極まってきたので、そろそろお金に、を入れて「与える経済」に戻そうというか次の段階へ進もうという方向に、世界全体が動き出しつつあるのではないかと思うんです。
そして、過疎の町の例を見ても分かるとおり、日本人はそのエネルギーを変質させる、〇に、を入れるやり方をそれこそ潜在的に知っているんじゃないかと思います。

中矢　アダム・ヴァイスハウプトといえば、たしか１７７６年にイルミナティを創設した人物ですから、やっぱりダメだなと気が付くのにずいぶんと長くかかりましたね。

船井　ダメだというよりも、やっぱりここまでお金を増やすのには、ある程度の時間がかかったということなのでしょうね。豊かさは手に入れられたので次のステージに行く準備が出来たと思いたいですね。

中矢　では、具体的にはどうやって○に、を入れていくのでしょうか。

船井　金融の世界に関しては、最近は物理経済学という学際的な研究分野が盛んになっているそうです。私がニューヨークで金融の勉強をしていた１９９０年代の初頭には、すでに金融の最先端技術はもはや物理学の世界であり、物理か数学の博士号を持っている人でないと理解できない世界になっていると言われるようになっていました。おそらく研究分野としての状態はその頃に完成してしまっていると思うのですが、ブラック・ショールズ方程式というもので大体説明できるようなのです。

中矢　そういう世界はまったく分からないですね。

船井　私もチンプンカンプンです。でも、最近ご縁をいただいた新進気鋭の物理学者、周藤丞治さんにブラック・ショールズ方程式のことやそれに関連することを説明させていただいたところ、周藤さんは私の言葉をすぐに理解してタブレットで必要な情報をその場で取り始め、あっという間に物理経済学の根本的な概念を掴んでしまわれたようでした。周藤さんはまだ30代半ばなのですが、天才的な頭脳を持ちながら精神世界についての造詣も深く、彼のような人たちの研究が世界を救う大きな足がかりになるのではないかという予感がしています。

理論物理学の研究者から見れば、金融工学なんておもちゃみたいなもののようです。近く、はせくらみゆきさんと『チェンジ・マネー』（きれい・ねっと）の続編となる『お金は5次元の生き物です！』（ヒカルランド）という本を一緒に出させていただくのですが、周藤さんにもご登場いただいていますので、ぜひご一読いただければと思います。

中矢

普通に生活していく時には、3章で話し合ったとおり、善循環を起こしていくという方向性になりますね。お金の流れは血液の流れと言われるように世界中を循環していますから、〝の入ったお金を流していけばそこから変わっていくものは大きいですよね。

船井

そうなんです。「愛」、これは「天意」と表現してもいいかもしれませんが、私たちが愛でお金を使うようになるといいのだろうと思います。お金を払うことは、支払う相手を支持する、一票を投じるということになるんだよという話をはせくらみゆきさんがされていますが、そのくらいのつもりで本当に心から感謝して支払っていくことで自然に善循環が起こっていきます。

生体エネルギー理論を世に広めている目に見えない世界の私の師匠である佐藤政二先生からは、「現状の殺し合いのために使われているお金をいい意味でマネーロンダリングして、愛を与え合うお金に変えるようなことに取り組むといいよ」と教えていただきました。これも要するにお金に〝を入れるということですよね。

昔の私の愛読書であった『ナニワ金融道』は、いままでの殺し合いのマネーを扱う人には必読の書だといまでも思っています。いまは過渡期でどちらの要素も分かっている必要があると思うので、それをよくよく知ったうえで愛（天意）のマネーについての研究を進めていきたいと思っています。そして、いつの日か『ナニワ金融道』のことを、「昔はそんな話もあったが、あんなひどい世界はいまとなっては考えられないよね」と金融マン同士が話し合えるような、そんな社会を創っていきたいと思います。

頭を低くして御稜威を正しく受け取る

第４章　日月神示的な生き方でミロクの世を創る

船井　ここまでのお話の中ではっきりしてきたのは、宗教もお金も〇に、を入れていくことが何より大切だということ、そして、おそらくその先導役を担うのが日本であるということですね。

私はさっき、ゝのことをエネルギーと表現したのですが、これはすなわち御稜威《みいづ》のことだと思っているのですが……。

中矢

大きく言えば、そういうことになりますね。結局、表の世界では何もかもから、ゝが抜けてしまっているんですね。あらゆる面が〇だけになっているんです。いまやろうとしているのは裏に隠れてしまっているゝを表に出して合体させるという作業なんだと思います。

御稜威というのは、日本古来の言葉で広辞苑などには「天皇や神などの威光。強い御威勢」とあるのですが、ちょっと分かり辛いですよね。より高位にある㋞から流れてくる神の「氣」であり息吹、西洋的にはなりますが、勝仁さんのおっしゃるとおり「エネルギー」と表現しても間違いではないでしょう。

御稜威は、神示によると、水が高いところから低いところへ流れるように注がれてくるものなので、誰でもが等しく受けられるわけですが、頭を低くするとより自然に多く深く流れてくるものなんですね。本書にも何度も出てきていますが、この御稜威を正しく受け取ること、そしてより強く受ける器になることを「身魂磨き」というわけです。

頭さげて低うなって見なされよ、必ず高い所から流れてくるぞ。高くとまっているから流れて来んのぢゃ、神のめぐみは水のように淡々として低きに流れて来るぞ
（極め之巻　第16帖）

低うなるから流れてくるのぢゃ。高うなっては天狗ではならん道理。頭下げると流れ来るぞ
（黄金の巻　第23帖）

船井　身に覚えがあると、なんとも耳の痛い話ですね（笑）。

中矢　ただ、そうなってくると困るのが、御稜威を正しく受け取らなくてはいけないと形にこだわる人が出てくるんです。たとえば、私の主宰する会で神棚やお札を扱っているのですが、こだわる人は本当に細かいんですよ。並べ方や順番はこれで間違っていないか、お札は重ねてもいいでしょうかといった質問が驚くほど頻繁にあります。心配性なのか、日本人はすごくそういうところを気にする傾向が強いようです。

もちろん、決まりというか形というのはあります。でも、本質的にはそんなに形にこだわる必要はないんじゃないかと思うんです。それをやったからどう、やらないからどうということはない。究極的には神棚なんてなくてもいいんです。日月神示にもこのようにあります。

高い心境に入ったら、神を拝む形式は無くともよいぞ。為すこと、心に浮ぶこと、それ自体が礼拝となるからぞ

（月光の巻　第25帖）

なかなか高い心境に入るのは難しいので、神棚を祀り、形式を決めて拝む練習をするわけなのですが、そこでなにかを間違えたから神様が無礼だとお怒りなるなどというのは、考え方が本質的に違うと思うんです。

船井　作法に従えばいいというものではないのですね。

中矢　私は神棚の前で毎朝祝詞をあげるのですが、その時に指先から神棚に向かって、薄い光が出ているのが見えることがあるんです。周りの人には見えないようなのですが、神社によってははっきりと見えるところもあります。座って手を合わせたらもう見えていて、その光が、手先から神棚の方にスーッと伸びているんです。

このことから私が感じるのは、神様からすれば、神棚の前に座った時点で祈りはもう始まっているということです。極端に言えばその間になにをどうしても同じだということです。神様には、その人が何者で何を考えてここに座って、何を祈ろうとしているのかなんて、すべて分かっているわけですから。

船井　どれほど本気で頭を低くして祈るのかということでしょうか。神様にはお見通しというのは分かる気がします。

中矢　そうですね。私の場合、尊敬する霊能者というのはほとんどいらっしゃらないのですが、出口王仁三郎や岡本天明と同じ時代の人で大辻桃源《おおつじとうげん》という方はすごいと思っています。大辻桃源先生の残した神道の教えというのは大変厳しいんです。

祝詞については、「いくら頑張ってもどうせ諸君らに神様に届く祝詞なんてあげられるわけがない。祝詞というのは上手下手ではなく、この場でもう死んでもいいんだという気持ちであげるものだ。もし本当に神様がお出ましになったら、祝詞どころの騒ぎじゃなくて、ありがたさで感極まって突っ伏して泣くしかない、だがそれこそが最高の祝詞なんだ。ただ、そんなことは諸君らには分からんだろうから、せいぜいそういうつもりで祝詞の練習をしなさい」というように書いてあるんです。

つまり、感極まって嗚咽、慟哭するのが最高の祝詞だというのですが、私はそれにすごく共感するんですね。やっぱり何より気持ちというか、想念が大切で、祝詞もたとえ意味が分からなくても、多少間違えていても真剣にあげて、もう自分はここで息絶えてもいいというぐらいの気持ちであげている人が、神職も含めて果たして何人いるでしょうか？　ということ。本当にその通りだなあと思うんですね。

舩井　これは、祝詞についてのお話でありながら、生き方全般につながりますよね。本気で本質的なところとつながってこの場で死んでもいいという思いで生きていくところに御稜威は自然に流れてくるということを感じました。

中矢　それから、御稜威についてはもう一つ大切なことがあります。これは⦿という形にも表れています。

⦿の中心には丶がありますね。丶を中心として周囲に〇がある、これが神様の姿です。つまり、私たちは絶えず中心に心を向けていくことで、正しく御稜威を受けることができるのです。ただ、漠然と頭を下げるのではなくて、御稜威の流れてくる中心に向かうということですね。これを「中心志向」といいます。

船井　ミクロの世界からマクロの世界まで、この世のすべてはどこを切り取っても⦿の形になっているといいますよね。その中心に宇宙の根源を見て、そこに頭を垂れるということですね。

このことは中矢先生がこの対談の序盤でお話しくださった、日月神示的なものから⦿を感じ、「ミロクの世」を創っていくことを目指すことにつながる気がします。

「ミロクの世」とは「てんし様が治める御代」

第４章　日月神示的な生き方でミロクの世を創る

中矢　日月神示の目指す理想的な世界観、すなわち「ミロクの世」というのはとてもシンプルです。あらゆる人や生き物、万物万象のすべてが調和して、共に光り輝く世界、大調和の世界ということです。

船井　そういう世界を目指していく、その世界の中心となるのが日本だということですね。

中矢　そうですね。本来、日本の国に必要なのは「まつり」だけなんですね。本居宣長が「まつり」とは神と人との間を真に釣り合わせることだと言ったという説があるようで、出典は定かではないのですが、これが本来の意味だろうと思います。日月神示には、このように出てきます。

⦿祀るとはお祭りばかりではないぞ、⦿にまつろうことぞ、⦿にまつろうとは、⦿にまつわりつくことぞ、まつわりつくとは、子が親にまつわることぞ、⦿に従うことぞ。」

（上つ巻　第26帖）

今にわかりて来るのざぞ。⦿の国には政治も経済も軍事もないのざぞ、まつりがあるだけぞ。

（天つ巻　第30帖）

船井　政治も経済も軍事も必要ないというのがすごいですね。

中矢　まつりというのは「まつり合わせ」、つまりは調和ということになるわけです。そして、そんな大調和の中心におわしますのが、世界の臣民をその御稜威によって「しらす」ご存在である「てんし様」です。

勘違いなさっている方が多いと思うのですが、「ミロクの世」というのは「てんし様が治める御代」なんです。

船井　「てんし様」というのは、天皇陛下のことと考えていいのでしょうか。

中矢　このことは、昔から日月神示研究者の間でも議論が絶えなかったところなのですが、戦前までは天皇陛下のことを「天子様」と呼んでいたのですから、現実的に考えて、「てんし様」とは天皇のことと解釈するのがもっとも妥当であり、他には有り得ないと思います。

日月神示には、「天皇」という言葉はほんのわずかに「神武天皇」という箇所で二回出てくるだけで、あとはすべて「てんし様」か「天津日嗣皇尊《あまつひつぎすめらみこと》」という言葉で出てきます。特に「てんし様」は冒頭から数え上げたらキリがないほど頻出しており、「てんし様」は神示の中で非常に重要な位置を占めているということが分かります。

船井　世界を治めていく「てんし様」は、いまの皇室から出てくるのでしょうか。

中矢　100%そうとは言い切れませんが、世界で最も歴史のある家系として日本の皇室が存在し、現実に天皇陛下がおわす以上、それ以外のところから天皇に相当するような存在が現れることはまず考えられないのではないでしょうか。

ちなみに、竹内文書には、「世界再統一の神勅」というものがあって、いずれ万国天皇が現れて世界を統一するという予言があり、どのような流れでそうなっていくのかは見当もつきませんが、皇室にも〇に、が入る時がきて、その時代に大調和の世の中が実現するのかもしれません。

船井　皇室からも〝が抜けてしまっているのですね。

関係があるかどうかは分かりませんが、政治評論家の片桐勇治さんから、江戸時代の半ばくらいから皇室は南朝に変わっていたと聞きました。御陵が南朝系と北朝系とはっきり別れているのですが、その頃から明らかに南朝系の御陵に葬られているそうです。天皇の御陵なんて普通では調べられないと思うのですが、彼には調べられたようです。

中矢　日本は実は、幕末期から侵入してきた外国勢力によって〝玉《ぎょく》〟を取られている状態なんです。天皇陛下は何もご存じないようです。担がれているだけで、近代以降は天皇を玉としていただきながら上手く日本を支配してきた連中が奥にいたらしいのです。いつから始まったのかというと、明治より前の、江戸時代中期から後期にかけて在位された光格天皇の御代にまでさかのぼれるそうです。

天皇の歴史というのは謀略や暗殺が渦巻く暗黒の歴史でもあったわけです。それでも形としては皇室はあるのですが、ではなにをもって天皇は天皇なのかというと、三種の神器を引き継いで即位するから、天皇になれるのです。ところが、本物の三種の神器というのは、明治期以降、日本にないようなのです。

船井　え！ 三種の神器が日本にないのですか。それでは、いまの皇室というよりも、日本には霊力はないということでしょうか。

中矢　日本に皇室に三種の神器がちゃんと戻れば、○に、が入る形になるんじゃないかと思うんですが、明治の頃よりずっと日本を支配してきた外国勢力が裏にいて、いまのところはそれができていないようです。まさにいま、そこが変わりつつあるわけです。

船井　いまの支配のやり方は「しらす」ではなくて、「うしはく」なのですよね。やはりそのあたりも関係あるのでしょうか。

中矢　はい。その「うしはく」という力による統治ではなくて、磁石が北を指すように、それぞれが自然な心の発露として、誰もがてんし様の尊い御稜威に頭を垂れ、心を向ける。そういう形で世界を一つに治めるというのが「しらす」というやり方です。

しかし、日月神示が理想とする、てんし様がしらす世界、すなわち「ミロクの世」の実現は、いまはなかなか難しい状況だと言わざるをえませんね。

船井　闇の勢力の影響でしょうか。人口削減計画とかいって日本人をみんな半病人にしてお金を搾り取るというような仕組みがあるようなことも聞きますが……。

中矢　私もよくは分かりませんが、人口が多すぎて地球に負荷がかかりすぎてしまっているのがいまの地球の最大の懸念材料なので、鳥インフルエンザやエボラ出血熱といった様々な致死率の高い病気を作り出す方法で、大量に間引こうという動きがあるそうで、それは「奥の院」も容認しているようなふしがあります。

それにそういったことを仕掛けている人たちは、よく言われるような自分たちの欲のためにやっているというよりは、自分たちが地球を管理していかないといけないと思っていろいろ知恵を絞っているようです。地球を守るという視点で考えると、善とか悪とか一概に言えないんですよね。

ただ、日本は少子化が進んでいるから放っておいてもどんどん減っていくのにと思いますが、それなのにわざわざ淘汰するというのは、それは霊的な進化を促すためなんだそうです。日本はあまりに平和で良い国なので、国民はみんな安穏としており、なかなか霊的に覚醒しないので、もっと煽って追い込まないと駄目だということのようです。

そう考えると悪役を演じてくれている彼らにも感謝しなければならないのかもしれません。逆に言えば、日本人が覚醒し、霊的な進化を目指して、日月神示的な生き方を始めれば、本当に隠されている本物の技術が出されることになるでしょうし、そうなれば現代社会の諸問題も一気に解決すると思います。

船井　こうして考えると、現状が日本にとって厳しい状況にあるのは闇の勢力にすべての原因があるとは言えない気がしますね。まず私たちがしっかり霊的な進化を目指していけばいいのでしょうけれど、それにしてはそれを阻むような動きが多すぎるように思います。

やはり、その本当の原因というのは、中矢先生がよく述べていらっしゃる日本の中にいて日本を乗っ取ってしまっている旧勢力というか、反日勢力ということになるのでしょうか。

中矢　そうですね。ただ、私の言っている「反日」というのは、旧勢力も含めて「まつりに反する者」を指しています。最近の『玉響』などでは、中国や韓国に対して、あるいは在留外国人に対して厳しい態度を鮮明にしているので、どうも私や私の主宰する会が過激な保守思想を前面に打ち出しているような印象をお持ちかもしれませんが、そこは少々違うんです。

韓国人だから、中国人だから、あるいは在日だからという理由だけで差別したり、罵詈雑言を浴びせたりというのは、まつりに反する行為ですし、それこそが反日です。そもそも日月神示は日本人ばかりに降ろされたものではありません。国籍・人種・宗教に関係なく、世界中の日月神示的な生き方を目指す、いわば⦿人に向けて降ろされたものなのです。

⦿人は世界中どこの国にもきっといますから、その人たちを探し出し、手を結んで、和の精神をもって「ミロクの世」を創っていくのが私たちの使命なのではないでしょうか。

「生かす戦」とは日本語で真実を語ること

船井　日本国内の反日勢力というのは根が深いように思いますが、どういうふうに相対していけばよいでしょうか。

中矢　そうですね。特に、幕末期から明治期にかけて日本の中枢部に侵入を果たした外国勢力の除去は、たやすいことではありませんが、それも、「文明の法則」の観点からすれば時間の問題と言えます。安倍総理がどこまで意識してやっているのかはともかく、「日本を取り戻す」流れというのは、必然的に、起こるべくして起こることなのです。

ともかく、反日勢力を一掃することができた時にこそ、本当の日本が甦ります。その道はまだまだ遠いものがありますが、私はこれを神示で言う「生かす戦《いくさ》」と捉えています。

戦は善にもあり、悪にもあり、右には右の、左には左の、上には上の、下には下の、中には中の、外には外の戦あるぞ。新しき御代が到来しても戦はなくならん。戦も歩みぞ。弥栄ぞ。ぢゃと申して今のような外道《げどう》の戦でないぞ。人殺し、生命殺すような戦は外道。やればやるほど烈しくなるぞ。正道の戦は人を生かす戦、やればやるほど進むのぢゃ。今の人民、戦と申せば、人の殺し合いと早合点するが、それは外道の戦。天国への戦もあるぞ。幽界への戦もあるぞ。人民の言う今の戦、今の武器は人殺す外道の道、それではならんのう。外道なくして下されよ。外道はないのであるから、外道抱き参らせて、正道に引き入れて下されよ。

（春の巻　第42帖）

船井　武器で殺すのではない戦というのは、どういうことなのでしょうね。

中矢　結局、私たちにできるのは、覚醒を促すということなんだろうと思います。日月神示を読んで覚醒する人もいれば、遊就館を訪れて覚醒する人もいるかもしれませんし、あるいは小名木善行先生のブログを読んで覚醒する人もいるでしょう。

反日勢力というのは、御稜威に背を向け、「我れ善し」に陥ってしまっている人たちということでもありますから、自分の狭い幸福のことより、全体（公）の幸福のことを優先して考え、そこに命さえも懸けられるようになれば、その人は覚醒したと言えると思います。

覚醒というのは、眠っていた意識が目覚めるということです。それには何らかの形で外からインパクトのある「情報」を入れることが必要でしょう。つまり、こうしてインパクトのある真実の情報発信をしていくことも、「生かす戦」だと私は捉えています。

船井　なるほど、『玉響』などでかなり激しい言葉を使われているのもそのためなのですね。そうすると、その発信が日本語で行われることも非常に重要なことのような気がしますね。

中矢　それはそうですね。日本が文明の中心となっていくとすれば、やはり日本語を習得するというのがセットで付いてくるでしょう。日本語を理解しないと、これからの社会の本質的なあり方が見えてこないのかもしれません。

船井　日本語を話さないと分からない世界があると思うんです。ネイティブの言葉でもいいのかもしれませんが、要するに日本語はおそらく古代言語なんですよね。日本語はいまでも残っていて、しかもしっかり使われている稀有な例だと思います。

しっかりと日本語を話せる外国の方は、日本人よりもむしろ日本人らしくて驚かされたりしますよね。

中矢　それに、日本語というのは柔らかい優しい言葉だと思っている人が多いかもしれませんが、それはある意味、見当違いですからね。
アメリカにいた時に気付いたのですが、英語は表面的というか軽い感じなのでケンカになってもすぐに仲直りできますが、日本語はなんというか、グサッと心に深く入り込むところがあるんです。

船井　私もそれは思い当たるところがありますね。ずいぶん昔ですがカナダ在住の方とやりとりをしていたことがあるんですね。だいぶ年上の方だったのですが、普段は日本語で会話したり、まだインターネットのない頃だったのでファックスでやり取りをしていたんですが、ある時なぜか英語で書かれたFAXがきて、読んでみると私のことを罵倒しているんです。
この時分かったのは、英語の罵倒だと全然平気なのですが、もし日本語で罵倒してしまったら、人間関係が終わってしまうくらいのインパクトがあるんですね。だから、日本語はケンカできない言語なんだということが分かりました。

中矢 ベンジャミン・フルフォードさんも英語だと丁々発止でやりあうことができるけれど、日本語だと「もう一生君とは付き合わない」ぐらいの覚悟をしないときついことは言えないとおっしゃっていましたね。

船井 そういえば、日本語になると「ですます調」でとても丁寧な方になってしまいますよね。

おそらく、日本語は単なるコミュニケーションの手段だけではない、やっぱりエネルギーの強い「言霊」なのでしょうね。そういう意味では、日本語が広がっていくことも、日本語で真実の情報を伝えることも、まさに覚醒を促す「生かす戦」と言えるのかもしれませんね。

実践すると味方も増えるが敵も増える

第４章　日月神示的な生き方でミロクの世を創る

中矢　覚醒すると御稜威が流れてきて、動き出さずにはいられなくなります。覚醒したが行動は何も変わらない、変化がないというのは、覚醒したうちに入りません。

そのエネルギーの使い方には、様々なものがあると思います。農業に向けてもいいし、医療に向けてもいいし、ブログなどで情報の拡散に努めるのもいいでしょう。大切なのは、それが世のため人のためになるということなのですが、それは多分にいまの世に出ている「常識」と逆行することが多いのです。つまり、自分が覚醒し、実践しようとすればするほど、どうしてもそうした世の趨勢に逆らうことになります。

船井　実践は継続することも大切ですから、かなり強い意志が必要になりますね。

中矢　自分の信念で実践、行動していく時に、それが本当に正しい道であれば、開けないということはありません。ただ、これがよくスピリチュアルな人たちの言う「引き寄せ」などのように甘くはなくて、その道が開けてくれば敵というか、反発する人の数も増えてくるんですね。敵が増えてくることは同時に、自分にも力がついてきたことの証だと思うくらいでちょうどいいかもしれません。

強く押すと強く、弱く押すと弱くはね返ってくるぞ

（五葉之巻　第5帖）

この道開けてくると敵がだんだんと多くなって来るぞ

（青葉の巻　第22帖）

船井　変化の過渡期だから、まだ覚醒している人、実践している人が少ないというのもあるかもしれませんね。だからこそ、そういう人が手を結ぶことも大切な気がします。

中矢　それから、日月神示はそこでこう示しているんです。

敵結構ぞ、敵尊べよ、敵に親切せよ、何れも神の働きぞ、敵も御役、悪も御役ぞ、敵増えて来ると力出て来るぞ、神の仕組一切

（青葉の巻　第22帖）

形としては戦わなければならない局面が出てきても、そんな中でも想いの内では敵に対して愛と感謝を持つということが秘訣のようです。敵に対して恨みと憎しみを抱き、とにかく相手を徹底的に叩き潰せばいいと思ってしまうと、かえって勝てないか、勝っても同じことの繰り返しとなってしまうのです。

かといって、最初から敵方に向かって私は愛と感謝のかたまりのような人間ですという態度で行こうとするのは、敵におもねることになりますし、正しい実践をしている人にとっては邪魔になってしまいます。敵を尊ぶというのは、言葉以上に難しい問題だと思います。

実践していくことに関連して、長い間こういう仕事に関わっていると病気相談も来たりするのですが、いまは私の事務所に会員さんから病気の相談があっても、信頼できる医師の連絡先を教えてあげるぐらいで、けっして病気相談に乗ることはありません。よく、身内や知人が重い病気なので、救ってあげたいのだがどうしたらよいかと聞かれることもあるのですが、そういう問い合わせは受け付けません。

実践しようとしているのになぜ？と思われるかもしれませんが、これは講演会などでもよく言うことで、「自分のことを何とかするだけでも大変なのに、他人を救ってあげることは基本的にできない」と思うからです。表面的には救えても、病人の意識が変わらない以上、また同じことを繰り返しますし、かえってその人のためにならないことが多いんです。

船井　それは私もそう思いますね。せいぜい、私はこの方法がいいと思うとお知らせするくらいです。

中矢　結局、自分の病気は自分で治すのが鉄則なんですね。自分で治すというのはやや語弊がある言い方かもしれませんが、重い病気になったということは、その人自身に気づかなければいけない何かがあるわけです。食生活の乱れであったり、感謝のない不平不満だらけの人生であったり、過剰なストレスにさらされていたりといった、その人でなければ分からないし、解決できないことがある。

病気をきっかけとして、自分の生き方や考え方が間違っていたということに気づき、心を入れ替え、不退転の決意で正しい道を歩み出す勇気が必要なのです。それを第三者から言われても、たいていは受け入れないし、うるさがられるだけです。

船井　仮にそれで治ってもその人の生き方が変わっていなければ、別の形で現れるだけなんですよね。そういう意味では親切ぶって無理やり引っ張り上げるのは得策とは言えないのかもしれません。

中矢　そうなんです。救ってあげたいとか、助けてあげたいというのは心情的にわかるのですが、まず本人がそこの部分に気づくかどうかというのもあるし、またその方にも家族がいるわけですから、ご家族全員が理解し、サポートするか、理解しないまでも、少なくとも反対はしないということが必要になります。それはなかなか厳しいと思います。薬漬けにされるのが嫌で、病院を出て自宅に戻り、これと思える療法を自分で試したいと思っても、医者は必ず反対します。よほど手の施しようのない末期でもない限り。

船井　まず本人が医療の常識を超えないといけないわけですね。病気の治療の場合は、家族の理解も必要ですから本当に大変ですね。

中矢　先ほどから何度かお話ししてきたとおり、いまの世の中は「表」と「裏」の二重構造をしています。それは何についてもそのとおりで、医療とか健康上の「常識」についても同じことが言えるんです。

「表」に出ている「常識」には嘘や間違ったものが多く、「裏」で言われている「常識」は、「表」とは真逆のことが多い。減塩は健康に良いとか、牛乳を飲むと骨が強くなるとか、肉食をするとスタミナがつくとか、お米（炭水化物）は太るから避けるとか、病気になったら病院に行ってクスリをもらうとか、そういったことが世間の常識ですが、私たちはそれがまったく反対であることを知っているわけです。塩は良質のものなら気にせずに摂る、牛乳を飲めば骨がもろくなる、肉を食べればスタミナは落ちる、お米を食べれば痩せる、病気になっても安易に病院に行かない、クスリも飲まないといった具合ですね。
でも、そういう世間の「常識」から外れたことの数々を、何も考えずに流されるままに生きてきた普通の人が、理解できるでしょうかということなんです。

船井 まず、理解できませんよね。仮にその病人がある程度理解しても、家族は理解しないでしょうから、必ず反対し、抵抗するでしょう。
それに、そういう疑いというか、反発の心をもったままではたいていは失敗しますし、もし病状が悪化したときには、こちらの責任にされてしまいかねません。

中矢 気の毒ではありますが、本人自らが気づくことを祈りつつ関わらないことが賢明です。もし「どうしたらいいのか」と相談があった場合は、押しつけにならない程度に、情報だけ与えればいいと思います。

船井　今後、重い病気にかかる人がいま以上に増えることは明らかです。真実を知った人は必ず悩むことになると思うので、この中矢先生のアドバイスはすごくありがたいですね。

それから、いまはこういったことが「裏」になっていますが、それが「表」になっていくことが何より大切ですね。

次期文明のための「種まき」

中矢　村山節氏の「東西文明の８００年周期説」によると、現在は、アングロサクソン文明が終焉を迎えようとしている時期にあたります。14世紀頃に始まったルネッサンス期から、大航海時代を経て、約４００年間にわたり栄華を誇った欧米の文明は、いまや落日の時を迎えているのです。

社会システムの成熟期に、水面下で次のシステムの萌芽が発生するのですが、これがやがて、古い社会システム、あるいは文明が崩壊した後、一定の過渡期を経て表層化し、次期文明の「顔」となっていきます。それまでに100年程度はかかるということなのです。

船井　たしか、村山先生はかなり具体的な年数を伝えてくださっていますよね。

中矢　はい。今回と同じパターンである1600年前の交代期が375年のフン族の移動に端を発していることから、実際には1975年から2075年にかけて起こるだろうと「予言」されています。「移動」というキーワードから考えると、いま起きているシリア難民の移動とヨーロッパの混乱は、その前兆と言えるものかもしれませんね。

船井　たしかにそうですね。

そうなると、この１００年間は二つの相反する文明が同居している状態が続くということですね。いまはまだ分からない、感じられないくらいだけれども、少しずつ確実に色を変えていっているということになるのでしょうか。

中矢　そうですね。この変化はいわば人智を超えた世界で起こることですから、いかに「闇の勢力」であろうが何であろうが、どれほど抵抗しても、流れを止めたり、元に戻すことはできません。むしろ「闇の勢力」はそのことを把握していて、時代の流れに乗る形で次のシステムを創ろうとしているようにも見えるほどです。

船井　戦後教育などの成果かもしれませんが、何も分からず、変化も感じられずにこれまでの文明にしがみつこうとしているのは日本人のほうかもしれませんね。

中矢　まさにその通りだと思います。そんな中で、各分野において日月神示的な生き方をしている人たちは、その成長の先端にいるごくごく少数だと言えるでしょうから、やろうとすることが前人未踏のことであったり、反発が多くなるのもある意味当然のことと言えます。

船井　たとえば、父が活躍した時代などは本当に兆しが見え始めたころなのでしょうね。

中矢　まだまだ競争社会の中でとことん男性原理で動いてらっしゃったのですよね。それを極めたからこそ次の時代の兆しが見えたのだと思います。

船井　そうですね。父の時代はまだ完全な男性原理の時代でした。その中を勝ち抜いてあそこまでの地位をつくった、ある意味そのために毎日欠かさず肉を食べていたのかもしれません。

強烈に思い出すのは、徳間書店を創業された徳間康快《とくまやすよし》さんです。スタジオジブリを世に出した方でもあるのですが、父や私は親しみを込めて「こうかいさん」と呼ばせていただいていました。最晩年に食事をご一緒したことがあるのですが、87歳くらいだというのに毎朝ステーキを食べているとお聞きしてびっくりしたことがあります。

中矢　毎朝ですか！　肉がスタミナ源だという信仰に近いものがあったのでしょうね。

船井　だから私は元気なんだと笑っていらっしゃいました。確信すると、それは真実になるのですね。康快さんはとにかくすごい人だったそうで、新潟ご出身なのですが、実は田中角栄さんを懐刀として陰で支えただけではなく、当時の政財界をある程度牛耳っていたという話もきいたことがあります。徳間書店と船井総研は創業者が元気な間はつぶせないと言われていたという話も漏れ聞いたことがるほどです（笑）。
残念ながら、実際に徳間書店は康快さんがお亡くなりになるとすぐに銀行から社長が送られてきて銀行管理の会社になってしまいました。しかし、ジブリの宮崎駿監督のあのシリーズを世に出すことができたのは、やはり康快さんがいたからこそだというんですね。

中矢　役割があったんですね。

船井　でも、いまとなってはそういった方たちの考え方や行動パターンはすっかり古いものになっていますよね。
最近、若い人たちと話をすることがあるのですが、それこそジブリ作品を見て育ったからかもしれませんが、歴史の認識などは未熟なものの、格好をつけているのではなくて自然に周りの人たちに感謝し愛をもって動いていることがよく分かります。思考回路がまったく違うようなのです。

中矢　若者たちのほうが進化しているのかもしれませんね。

船井　間違いないと思います。そんな若い人たちを見るにつけ、50歳を超えた私たちの世代は格好をつけていても本音では儲けるために活動をしていて、そのバランスを取るために世のため人のために動いてきたに過ぎないという現実を突き付けられているようで、最初はかなり落ち込みました。

でもいまでは、こんな若い人たちが出てきているということは、必要な過渡期を経て世の中が確実にいい方向に進んでいるということだと、未来に希望を感じて嬉しく思っています。

中矢　そういう若い人たちがうまく次期文明をスタートしてくれるように、私たちはそのための「種蒔き」をしているのだと思います。

船井　そしてそれと同時に、そう考えて世界の情勢を見てみると、いまだに世界を動かしているのがディビッド・ロックフェラー氏101歳、ヘンリー・キッシンジャー氏93歳、そしてジョージ・ソロス氏が85歳というのは、世界が新しい方向に動いていけない象徴的な出来事のような気がして暗澹たる気持ちになってしまいます。

中矢　たしかに、その面々は信じられないくらいお元気なようですね。彼らにかぎらず高齢者ががんばって資本主義の時代にしがみつくのは、若い人たちが世に出る邪魔をしているだけのような気がします。特に日本の場合は。

船井　そうですね。それこそ、自分自身もそうならないように気をつけたいと思います。父の時代といまがまったく違ってきているように、私には理解できなくても彼らの時代へと刻々と変わっていくことを肝に銘じないといけないなと感じています。

詳しい分野ではないのですが、インディゴ・チルドレン、クリスタル・チルドレン、レインボー・チルドレンと呼ばれる、それこそいまの社会的な規範の中では生きていくのは難しいのですが、とんでもない能力とポテンシャルを持っている若者たちがいるという話をよく耳にします。

私たちの世代がいまやらなければならないのは、自分たちの幸せを追い求めることではなくて、彼らがポテンシャルを十分使うことができるような新しい社会的な規範を作り上げることではないかと思います。

大調和の「ミロクの世」を創る

舩井　いま思ったのですが、世界に二つの相反する文明が同居しているということは、ミクロにも、つまり私たち一人ひとりの中にも二つの相反する文明の要素が存在しているのではないでしょうか。そして、それが身魂磨きを続けることで変化、進化していくのではないかと思うのです。

中矢

きっとそうでしょうね。

そういう意味では、現実というか「いま」の世界とのバランスをとるということがとても大切になると思います。現実の世を見渡してみるといまは政治も経済も軍事も必要です。いきなりそれらを捨ててしまえばそれだけで平和な世がくると信じるのは、まさに「お花畑さん」特有の、現実逃避でしかありません。

ポールシフトや次元上昇、人類全体が突然変異する事態でもないかぎり、私たちは現実の世界で努力し、いまの常識の範囲で対処していかなければなりません。現段階ではお金もいるし、仕事もしなくてはならないし、税金も納める必要があります。アメリカともユダヤとも、それこそイシヤの方たちともうまくやりながら、それでいて日本中心の世にもっていかなければならないのです。

船井　私もそのことを最近強く感じています。目に見えない世界の探求も必要ですが、しっかりお金も稼いでいかないといけない。

たとえば、これまでは男性原理の時代で、これからは女性性の時代の到来だということが言われていますが、その方向性だとまた偏ってしまうと思うんですね。もし、縄文の時代が女性性の時代なら、そこに完全に回帰してしまうというわけではないのではないでしょうか。これからは自分の中にある、マクロに見れば宇宙の中にある二元を融合、統合させていくのではないかと感じるのです。

過去と未来といった時間もそうだし、宗教も女性性と男性性も表も裏も……。「いまここ」に集約して調和し融合してくるんだと思うんですよね。Ⓝという形はその象徴のようにも見えます。

そういう意味では「グレンとひっくり返る」というのも、裏が表に取って代わるのではなく、表と裏が混ざり合って共存していくということ、現実世界と精神世界についてもそうかもしれませんし、日月神示も太陽と月がともに出された神示ということではないかと思います。

中矢　まさに「中心志向」ですね。言うは易しで体現するのは本当に難しいですが、二元から一元へ、「ミロクの世」というのは大調和、⦿の世界ですからやっぱりバランスなんですよね。

では、その「ミロクの世」への道が開けるように「グレンとひっくり返る」にはどうすればよいのかというと、神示にはそういった大事な部分は暗示的にしか言及されていません。これはおそらく、「神一厘の仕組」に該当する部分ではないかと思われます。

二二と申すのは天照大神殿の十種《とくさ》の神宝に、ヽを入れることであるぞ、これが一厘の仕組。二二となるであろう、これが富士の仕組、七から八から鳴り鳴りて十となる仕組、なりなりあまるナルトの仕組。富士と鳴門の仕組いよいよぞ、これが判りたならば、どんな人民も腰をぬかすぞ。

（五十黙示録至恩之巻　第16帖）

船井　聞いたことのある大切なワードが並んでいるのは分かりますが、なんとも、難解ですね。

中矢　いずれにせよ、まだまだ未熟な私たち人間が何とかして「力点」を探し出してひっくり返そうと試みても無駄なことで、ひっくり返る時期がくれば、おのずとひっくり返るもののようです。

一番尊い所一番落としてあるのじゃ、この事分かって来て天晴れ世界唸《うな》るのじゃ、落とした上に落としてもう落とす所無い様にして、上下引っ繰り返るのじゃ、引っ繰り返すのでないぞ、引っ繰り返るのじゃぞ、この事間違えるでないぞ、この道難しい道でないぞ、欲離れて、

命離れて、なる様にしておいて下されたらそれでよいのじゃ

（雨の巻　第14帖）

欲を出さず、命さえもこだわらず、なるようにしていたらそれでいいということですね。日月神示にしても、その他の情報にしても近視眼的に「当たった」「外れた」と早合点するのではなくて、百年、千年の長期的な視野に立ち、世の中の実際の動きと照らし合わせながら、いまここを真剣に生きていくことが何より肝要だと思います。

ここまで読んでくださっている皆さんには、すでに強い御稜威が流れてきていると思います。「ミロクの世」は私たち一人ひとりが「日月神示的な生き方」を通じて創っていくものです。一朝一夕にはいきませんが、地に足をしっかりつけて進んでまいりましょう。

船井　これからも、「ミロクの世」の実現に向けて、身魂磨きを進めそれ

それの立場で「日月神示的な生き方」を重ねていきましょう。私たちも情報発信というかたちで皆さんとご一緒に本気で「ミロクの世」を創っていきたいと思っています。

中矢・船井　本日は本当にありがとうございました。

あとがき

船井勝仁さんから対談本の企画を頂いたのは、2015年の1月のことでした。それから様々な事情があり、制作は延び延びになっていましたが、ようやくここに本書が上梓されたことは望外の喜びです。

思い返せば勝仁さんと初めてお会いしたのは、たしか2007年頃、船井幸雄先生からのご依頼で、当時の「直感力研究会」という会合にて講演させて頂いた時だったと思います。

この時、勝仁さんは後ろの席に座られて、3時間以上にわたる私の拙い話を聞いてくださっていたようですが、その時はまだ顔合わせをしていません。講演終了後、名刺交換をさせて頂いて、初めてご子息が聴講されていたことを知りました。

その時の印象としては、いわゆる世間一般の有能な経営者という感じで、私が講演で話すようなこと——日月神示だとか、スウェーデンボルグだとか、闇の勢力などといった、〝常識〟からはかけ離れた内容の連続に、果たしてついて来れたのか、もしかすると（また親父はこんなわけのわからない人と付き合って……）と心の中で訝《いぶか》しんでいるのではないかと思いました。

しかしそれから勝仁さんは、どんどんご自身でも勉強され、様々な見識を積まれていったようで、目覚ましいスピードで進化していかれました。

風貌も、物腰も、最初に出会った時とは別人のように変わられました。あれから日月神示の全巻本である『完訳 日月神示』も読まれて、肉類を避けるようにしたり、食事の回数を減らして一日一食にしていたこともあるということで、それならば、無駄なものが削ぎ落とされてスッキリとした感じに変わられたことも納得です。

神示の一節に、

「身魂磨きとは、善いと感じたこと直ちに行うことぞ」（黄金の巻　第67帖）

とありますが、勝仁さんはすでにそのことを実践されていたのです。これはおそらく、船井先生の教えが知らず知らずのうちに身についておられたからこそ出来ることなのではないかと思います。

私としては「対談」という形式での本の制作は、中身の薄いものになってしまう傾向があるために、もうあまり受けないようにしようと思っていました。そんなところに勝仁さんから対談の企画を持ちかけられたため、その時はどうすべきか迷いました。ただ、勝仁さんとの「対談本」というのは作ったことがなかったですし、船井幸雄先生が亡くなられてからちょうど一年が経ったこともあり、勝仁さんがお相手なら、きっと良い本が出来上がるのではないかと思いました。

2007年にお会いした当時にこのお話を頂いたとしたら無理だったろうと思いますが、今日ここまで進化された勝仁さんなら、対談したら面白いだろうし、私自身がむしろ勉強になるのではないかと思ったのです。

結果は、まさしくその通りになりました。

本書は、平易な会話の流れの中、淡々と進んでいきますが、多岐にわたり取り上げられているテーマは大変に奥の深いものです。

神道、宗教の本質、天皇論、正しい食のあり方と健康法、金融経済と闇の勢力……。一つひとつのテーマごとに分けて、一冊の本にした方がいいような内容ばかりです。またそうした膨大な情報の裏打ちが背後にあった上で会話が成り立っていることを、どうか読者にはご理解頂ければと思います。

勝仁さんは話し上手ですし、間の取り方などもうまく、対談していて安心感があります。長いお付き合いの中で私の活動内容や主張していることもご存じで、私が何を言わんとしているかもわかってくださいます。そのため、対談収録の時も本当に打ち解けて、スムーズに話を進めることができました。

加えて秀逸なのが、本書をまとめてくださった「きれい・ねっと」の山内尚子さんの編集力です。対談のラフ原稿を拝見してもほぼ修正するところはなく、完成に近い形にまとめてくださったので、非常にラクでした。これは山内さんが編集能力に長けているだけではなく、ご自身でも日月神示を熟読したり、私の会で発行している『玉響』やメルマガを常日頃から読まれていて、情報のアップデートに努力されているからだと思います。

普通、ここまでやる編集者はなかなかいません。そんな山内さんだからこそ、時に話にのめり込んでどんどんディープな方向に行ってしまう私たちの会話の中から、一般書としてわかりやすく伝えられる部分を紡ぎ出し、一つの会話の流れに集約するという作業をやってのけるのでしょう。本書を最後までお読みになった方も、非常に読みやすかったのではないかと思います。本書の制作には、そんな山内さんのお力に負うところが大きかったことも、あえて付け加えさせて頂きます。

時代は今、急速に変わりつつあります。それは、100年に一度という変革の波ではなく、少なくとも800年に一度、あるいは、ひょっとすると6000年に一度というくらいの、超巨大な大波かもしれないのです。

私たちは今、まさにその大変革が進行中という、真っ只中にいます。表に現れる事象ばかりを見ていても、なかなか実感しにくいですが、裏で起きている様々なことを少しでも窺《うかが》い知れば、大変な事態が水面下で始まっているということが察せられるはずです。

そうした現在進行形の情報については、ほとんどが口外を禁じられているものばかりですので、本書の中でもどこまで伝えきれたのかわかりませんが、少しでも読者の皆様に、その肌感覚だけでもお伝えすることができたら幸いです。

そして、皆様がもし何かを知って、これは本当にその通りだと思ったのなら、明日といわず今すぐにでも実践することです。つまり、そういう人でないと、これからさらに増していくであろう変革の大津波を乗り切りことはできないであろうと思うのです。私が厳しい言葉で「もっと命がけでやれ」というのはそういう理由からです。

大きな嵐を乗り超えた後には、素晴らしい世界が待っています。その世界に通じる扉を開けるのは、私でも勝仁さんでもなく、貴方自身なのです。最後にそのことを、祈りとともにこの「あとがき」に込め、筆を置かせて頂きます。

中矢伸一

平成28年9月吉日

著者略歴

中矢 伸一（なかや しんいち）

東京都生まれ。米国ワシントン州立コロンビア・ベースン・カレッジ卒。「日本弥栄の会」代表。米国留学生活を通じ、日本と日本民族の特異性を自覚。帰国後、英会話講師・翻訳・通訳業に携わる一方、神道系の歴史、宗教、思想などについて独自に研究を進める。1991年、それまでの研究をまとめた『日月神示』（徳間書店）を刊行。

日本弥栄の会公式 HP
http://www.nihoniyasaka.com/

船井 勝仁（ふない かつひと）

1964年大阪府生まれ。1988年(株)船井総合研究所入社。1998年同社常務取締役。2008年「競争や策略やだましあいのない新しい社会を築く」という父・船井幸雄の思いに共鳴し、(株)船井本社の社長に就任。「有意の人」の集合意識で「ミロクの世」を創る勉強会「にんげんクラブ」を中心に活動を続けている。

にんげんクラブ公式 HP
http://www.ningenclub.jp/

きれい・ねっと

あなたと
私と
この星と
きれいでつながる
よろこびの輪

日月神示的な生き方 大調和の「ミロクの世」を創る

2016年 9月22日 初版発行

著　者　中矢伸一　船井勝仁
発行人　山内尚子
発　行　株式会社きれい・ねっと
〒670-0904 兵庫県姫路市塩町91
TEL 079-285-2215 FAX 079-222-3866
http://kilei.net
発売元　株式会社 星雲社
〒112-0005 東京都文京区水道1-3-30
TEL 03-3868-3275 FAX 03-3868-6588

© Nakaya Shinichi. Funai Katsuhito 2016 Printed in Japan

ISBN978-4-434-22489-8

乱丁・落丁本はお取替えいたします。